CB141799

Delícias do Descobrimento

SHEILA MOURA HUE

com a colaboração de
Ângelo Augusto do Santos e Ronaldo Menegaz

Delícias do Descobrimento

A gastronomia brasileira no século XVI

inclui mais de 150 ilustrações e cerca de 40 receitas

ZAHAR

Copyright © 2009, Sheila Moura Hue

Copyright desta edição © 2009:
Jorge Zahar Editor Ltda.
rua Marquês de S. Vicente 99 – 1º | 22451-041 Rio de Janeiro, RJ
tel (21) 2529-4750 | fax (21) 2529-4787
editora@zahar.com.br | www.zahar.com.br

Todos os direitos reservados.
A reprodução não-autorizada desta publicação, no todo
ou em parte, constitui violação de direitos autorais. (Lei 9.610/98)

Pesquisa iconográfica: Fabiano Cataldo de Azevedo
Projeto gráfico e composição: Mari Taboada
Capa: Miriam Lerner

CIP-Brasil. Catalogação-na-fonte
Sindicato Nacional dos Editores de Livros, RJ.

Hue, Sheila Moura
H877d Delícias do Descobrimento: a gastronomia brasileira no século XVI / Sheila Moura Hue; com a colaboração de Ângelo Augusto dos Santos e Ronaldo Menegaz. — Rio de Janeiro: Zahar, 2008.
il.

Inclui bibliografia
ISBN 978-85-378-0106-2

1. Gastronomia – História – Brasil. 2. Culinária - Brasil – História. 3. Culinária brasileira – História – Século XVI. I. Santos, Ângelo Augusto dos. II. Menegaz, Ronaldo, 1934-. III. Título. IV. Título: A gastronomia brasileira no Século XVI.

CDD: 641.0130981
08-4576 CDU: 641.55(81)(091)

Sumário

Lista de receitas

Introdução

Do que sabemos dos medas, persas, assírios, babilônios, fenícios, cartagineses, gregos, romanos, germânicos, hebreus, árabes, Idade Média, Renascimento é uma sinistra relação de fomes e empanturramentos.

LUÍS DA CÂMARA CASCUDO

Nos testemunhos que chegaram até nós sobre o Brasil do primeiro século após o Descobrimento – escritos por padres, senhores de engenho, humanistas, cronistas, corsários e viajantes franceses, ingleses, alemães, italianos, espanhóis e portugueses –, alternam-se episódios de fome e de abundância. Embrenhados em sertões pela primeira vez trilhados por europeus ou em longas e acidentadas viagens marítimas pela costa brasileira, nossos primeiros cronistas, principalmente os padres da Companhia de Jesus e os homens do mar, sofriam com a escassez de víveres, com as doenças tropicais e com a fome absoluta. Outros, ao narrarem a vida cotidiana nas aldeias indígenas, nas vilas colonizadas e nas abastadas fazendas dos senhores de engenho, descrevem uma abundância e diversidade de caça, animais domésticos, peixes e plantas que espantavam os europeus, que nunca tinham experimentado tanta fartura. É entre esses dois pólos que se divide a alimentação brasileira dos primeiros tempos: entre as comidas difíceis de engolir, ingeridas por pura necessidade, os faustosos banquetes senhoriais e as frescas e saudáveis refeições dos homens comuns.

A alternância entre fome e fartura indica dois tipos de vivência. A primeira se dá em uma terra em permanente tensão entre colonos, índios e viajantes estrangeiros, ou ainda nas agruras vividas no mar e nas viagens por matos desconhecidos e inóspitos. O missionário calvinista francês

Jean de Léry conta em *Viagem à terra do Brasil*, impresso em 1578, que ao abandonar a França Antártica e voltar para sua terra natal enfrentou uma tal fome em alto-mar que a tripulação da frota em que estava, após cozinhar todos os macacos, papagaios (que seriam vendidos na França) e ratos, teve que comer duríssimas rodelas de couro de anta tostadas na brasa. Também o inglês Anthony Knivet, numa expedição pelo interior da capitania de São Vicente, na década de 1590, comeu, juntamente com seus companheiros, escudos de couro cru de búfalo: "Quem tinha um sapo ou uma cobra para comer considerava-se feliz", relatou em seu livro de memórias. O alemão Hans Staden, nos sertões do Rio de Janeiro, em 1554, teve mais sorte: comeu "lagartos e ratos silvestres e outros animais assim estranhos", que, aliás, eram iguarias indígenas que viriam a ser apreciadas pelos colonos. Numa viagem pelo interior da Bahia, o padre José de Anchieta conta como precisaram comer "preás, rãs, serpentes e víboras venenosas", que, famintos, tiveram por "finas iguarias", numa antevisão da culinária brasileira do final do século XVI, quando tais comidas seriam consideradas deliciosas por muitos.

Havia fome também nos primeiros tempos de vilas que depois seriam ricas e bem abastecidas, como Salvador, São Vicente e Piratininga (São Paulo). Numa carta escrita na Bahia em 1550, o padre Manuel da Nóbrega, recém-chegado ao Brasil, queixa-se de que "as comidas de um modo geral são difíceis de digerir". Acostumados ao pão branco de trigo, ao vinho, ao azeite e aos pratos da cozinha portuguesa, era difícil adaptar-se a uma dieta à base de mandioca, caça e frutas locais. Em 1553, em São Vicente, Nóbrega escreve: "Esta casa é a mais pobre de todas e padecem os irmãos e padres e meninos muita fome e frio." Em outra carta, de 1561, escrita em São Vicente, Nóbrega observa que "aqui não há trigo, nem vinho, nem azeite, nem vinagre, nem carnes, senão por milagre". E o milagre realmente ocorreria ao longo dos anos. São Vicente se tornaria um celeiro de frutas e legumes, o maior produtor de marmelos do Brasil, e sua marmelada viria a ser artigo de exportação. Em Salvador, já na década de 1580, as hortas abasteceriam um mercado farto em todos os tipos de hortaliças e frutas locais e estrangeiras, e onde se podia comprar, também, pão de farinha de trigo (um luxo naqueles tempos) e vinhos da Ilha da Madeira.

Os que não estavam em busca de almas, mas de mercadorias ou apenas de comida, tinham mais facilidade em conseguir provisões. Pero Lopes de Sousa, em seu reconhecimento da costa brasileira em 1531, não teve dificuldade em abastecer sua frota com os índios do litoral, e mencionou especialmente as grandes postas de carne de veado, que mantiveram sua tripulação muito bem alimentada. O militar espanhol Cabeça de Vaca, em expedição pelo sul do Brasil em 1542, espantou-se com a abundância de porcos-do-mato e com a facilidade de caçá-los, o que não deixou que passassem fome. O piloto italiano Antônio Pigafetta, ao narrar a passagem de Fernão de Magalhães pelo Brasil em 1520 – a caminho da primeira viagem de circunavegação –, relata como se aprovisionaram de galinhas, mandioca, dulcíssimos abacaxis, palmito e carne de anta. As negociações com os índios foram fáceis e vantajosas: "Trocaram um anzol por cinco galinhas, um pente por dois gansos, um espelho por peixe suficiente para alimentar dez pessoas, um cinto por um cesto de mandiocas, e por uma carta de um rei de ouros, cinco galinhas."

Nas três últimas décadas do século, atingimos um apogeu no que dizia respeito à comida. Os relatos do humanista português Pero de Magalhães de Gândavo, autor da primeira História do Brasil, publicada em 1576, do jesuíta Fernão Cardim, que escreveu sobre o Brasil nas décadas de 1580 e 1590, e do português Gabriel Soares de Sousa, rico senhor de engenho na Bahia, que ofereceu o manuscrito de seu *Tratado descritivo do Brasil* ao vice-rei de Portugal, d. Cristóvão de Moura, em 1587, pintam um cenário de prosperidade e abundância. O livro de Gândavo, assim como o de Soares de Souza, tem uma forte intenção de elogiar e divulgar o Brasil, amplificando suas qualidades. Ao descrever as capitanias, quase sempre diz, de cada uma delas, que são providas de todos os mantimentos e que os moradores vivem todos "mui abastados" com suas roças. Segundo ele, bastava ter dois pares de escravos para obter tudo de que uma família necessitava: um caçaria, outro pescaria e os outros cultivariam as roças. O que é corroborado pela experiência de Anthony Knivet, um detrator do país: o inglês, quando foi escravo de um "mestiço" no Rio de Janeiro, abastecia, sozinho, a despensa de seu senhor. Gabriel Soares de Sousa, um dos maiores conhecedores das coisas do Brasil, além de ótimo escritor, também concorda com a tese de Gândavo e descreve em detalhes as abundantes delícias brasileiras e seus sabores, mostrando-nos o que (bem) comiam os "principais" e as gentes "de serviço" da Bahia.

A melhor descrição de hábitos referentes à alimentação é do padre Fernão Cardim, que, ao acompanhar a visita ao Brasil do padre Cristóvão de Gouveia – uma longa missão do ano de 1583 até 1590 –, nos relata uma sucessão de almoços, jantares e merendas, com que os ricos senhores e os índios recebiam a autoridade apostólica. São muitas as refeições ao ar livre, embaixo de frondosas aroeiras, à sombra fresca de cajueiros carregados e à beira de rios e regatos, sempre animadas por música de flautas ou gaitas ou por cantigas devotas entoadas por meninos índios, e quase sempre servidas "com todo o concerto e limpeza". Nas casas dos senhores de engenho, em porcelanas da Índia e serviços de prata, sobre mesas cobertas por finas toalhas, serviam-se banquetes de "extraordinárias iguarias", como aves, perus (então consideradas comidas luxuosas), e carne de caça, acompanhadas por vinhos de Portugal, e ainda por doces requintados como os ovos reais (fios d'ovos), uma especialidade do recôncavo baiano, e por confeitos, conservas e "outros mimos".

Um dos senhores de engenho, provavelmente o rico criador de gado Garcia D'Ávila, chegou a oferecer à comitiva o prato mais requintado da época, o manjar branco, que então era feito com peito de galinha, e que já tinha sido objeto de proibição no reinado de d. Sebastião por ser considerado excessivamente luxuoso. Um rico senhor de Ilhéus mandou ao encontro dos jesuítas que chegavam, em uma praia, uma índia vestida à moda indígena (ou seja, seminua), carregando uma porcelana cheia de "queijadinhas de açúcar" e com um "grande púcaro de água do rio", o que muito surpreendeu os padres. Havia mesas ao ar livre em que cabiam cem pessoas, e no Espírito Santo, durante um banquete, o menu incluía três serviços completos, com as toalhas de mesa trocadas entre cada um deles, para espanto dos jesuítas. Em Pernambuco, os senhores de engenho, segundo Cardim, eram "sobretudo dados a banquetes", nos quais se reuniam dez ou doze senhores que passavam o dia comendo e bebendo incríveis quantidades de vinho português, o que fez o padre observar que "em Pernambuco se acha mais vaidade que em Lisboa".

Os índios, por sua vez, conta Fernão Cardim, recebiam a comitiva com ceias compostas por comidas indígenas, como "peixinhos de moquém assados, batatas, carás, mangarás e outras frutas da terra". Os jesuítas retribuíam oferecendo às tribos refeições compostas por uma vaca inteira, porcos-do-mato e de criação, carne de caça, legumes e frutas, além de "vinhos de várias frutas, a seu modo", ou seja, bebidas indígenas, que todos apreciavam.

Não há registros que documentem como eram servidas as refeições simples, do dia-a-dia, em casa de pessoas comuns. Mas sabemos, pelo que escreveram vários cronistas, que havia abundância também nas refeições dos trabalhadores e escravos, que comiam, além de bananas e outras frutas, farinha de mandioca e vários tipos de peixes salgados, que eram destinados exclusivamente à alimentação das "gentes de serviço".

Um Brasil sem mangueiras e jaqueiras

Pelas rotas marítimas portuguesas que ligavam o Oriente, a América, a Europa e as ilhas Atlânticas, foram transportadas não somente pessoas mas também plantas e animais. Os portugueses foram responsáveis, no século XVI, por uma ampla dispersão de espécies nativas de várias regiões pelo vasto território de seu império, numa espécie de "globalização" botânica que provocou profundas e permanentes transformações na alimentação, agricultura e economia de diferentes partes do globo. Espécies asiáticas, européias e africanas foram trazidas para o Brasil, e daqui seguiram mudas para todas as partes do mundo ligadas pelas rotas comerciais portuguesas, provocando um intenso e inédito intercâmbio de produtos entre os continentes.

A paisagem das praias nordestinas no início do século não incluía os coqueirais que hoje são sua principal característica: os coqueiros, uma planta asiática, foram trazidos pelas naus portuguesas. Também não havia mangueiras ou jaqueiras no Brasil, plantas indianas que só chegariam no século XVIII. A banana, fruta nativa do sudoeste asiático, foi uma das primeiras a serem plantadas no Brasil, provavelmente vinda da ilha de São Tomé, na África. O inhame também veio do continente africano. Em troca, foram mandados para lá a nossa mandioca, o amendoim, o cará, a batata-doce e a pimenta. Para Goa, na Índia, viajaram o mamão e o caju, que lá se deram muito bem e se espalharam pelo Oriente. Algumas especiarias asiáticas foram trazidas para cá e se multiplicaram, como aconteceu ao gengibre, que, mesmo tendo sido proibido no Brasil por determinação da coroa portuguesa, disseminou-se incontrolavelmente. A cana-de-açúcar, nativa da Ásia e aclimatada nas ilhas atlânticas, chegou ainda no início do século XVI. Impulsionadora de uma das maiores movimentações demográficas da história, com o transporte em larga escala de africanos, marcou profundamente o país.

De Portugal, vieram para o Brasil laranjeiras e limoeiros, além de frutas várias, como marmelos, figos e melões, e também couves, alfaces, salsinha, coentro e muitos outros legumes e verduras, que se adaptaram extremamente bem na nova terra. Os portugueses também trouxeram animais, como vacas, porcos, cabras, carneiros e galinhas. Da América espanhola veio o que então era chamado de "galo do Peru", e da África as hoje chamadas galinhas d'angola.

Tínhamos, portanto, além dos animais e plantas nativos, tradicionalmente empregados na alimentação indígena, gêneros vindos dos quatro continentes, o que tornou o cardápio brasileiro extremamente diversificado. Com o nativo tajaçu passou a conviver o porco europeu, com as aves brasileiras, como o macuco, convivia a galinha; tínhamos compotas de abacaxi, de mangaba e também de marmelo; ao tradicional beiju indígena juntou-se o açúcar, e os peixes passaram a ser comidos aqui não com espinafre, mas com folhas de taioba. A abundância de gêneros nativos e exóticos, a vitalidade da caça e da pesca, o cultivo de hortas e a criação de animais produziram uma vastíssima variedade de ingredientes para a culinária brasileira de nosso primeiro século.

A cozinha indígena e a portuguesa também trocaram experiências, técnicas de preparo, sabores e ingredientes. Na falta de azeite de oliva, temperavam-se pratos com óleo de peixe-boi; na ausência da farinha de trigo, faziam-se bolos à moda portuguesa com a finíssima carimã (farinha fina de mandioca). As compotas medicinais prescritas na época passaram a ser feitas, aqui, com goiaba, abacaxi e outras frutas nativas, numa contribuição tropical ao receituário renascentista. Quando não tinham vinho de uvas, colonos e viajantes apreciavam os "vinhos" indígenas, bebidas fermentadas feitas de mandioca, milho e de variados frutos nativos. Para confeitar frutas, usava-se uma massa feita à base de leite de cajueiro, um substituto do refinado alcorce. O paladar europeu se ampliou ao ser apresentado às iguarias indígenas como a tanajura frita, as rãs, os cágados, as cobras e o bicho-de-taquara. Mas os índios não assimilaram as plantas e animais introduzidos pelos portugueses: criavam galinhas para vendê-las, mas não as comiam.

Ao descrever a natureza brasileira, os cronistas do século XVI não apenas escreviam sobre a aparência dos gêneros, mas também detalhavam seus usos e sabores. Era um desafio descrever animais nunca antes vistos, desconhecidos dos autores clássicos e ausentes da *História natural* de Plínio e da *Matéria médica* de Dioscórides, então tidos como as maiores autoridades em ciências naturais. Para enfrentar o desafio, os novos autores lançavam mão dos animais, plantas e sabores que conheciam, construindo comparações para nós inusitadas, como a aproximação entre castanhas de caju e um rim de lebre, a afirmação de que as bananas são semelhantes aos pepinos, ou ainda de que abacaxi tem gosto de melão. Alguns animais brasileiros, como o tatu e o tucano, são vistos como verdadeiros monstros pelo olhar europeu. Monstros muitas vezes deliciosos, e que se receitavam aos doentes. Nessas descrições são empregadas as categorias médicas da época: cada alimento tinha uma virtude relacionada à sua natureza, seja ela fria, quente, seca ou úmida. Os alimentos frios eram receitados para equilibrar humores quentes, e os úmidos empregados para combater doenças causadas pelo excesso de secura no organismo, e vice-versa. E foi assim, nos trópicos brasileiros, que os "frios" cajus começaram a ser usados para febres e os "quentes" abacaxis foram empregados para curar feridas, entre outras aplicações medicinais das plantas e animais nativos.

O que mais sobressai nos depoimentos que chegaram até nós é a impressionante variedade da natureza brasileira, a rápida disseminação de plantas e animais trazidos de fora e a facilidade com que índios, colonos e viajantes caçavam, pescavam, criavam, plantavam e colhiam os mais variados gêneros de plantas e animais. Mas essa abundância não duraria muito tempo. Com o aumento da produção de açúcar e o incremento da instalação de engenhos, a expansão para o interior e a conseqüente diminuição das áreas de caça e dos terrenos destinados às roças, somadas ao declínio da população indígena, o século XVII já não seria o éden gastronômico do primeiro século após o Descobrimento. Nas narrativas e descrições empregadas neste livro temos a imagem de um Brasil exuberante, farto, generoso, diverso, em que gêneros vindos dos quatro continentes começavam a misturar-se nas cozinhas de "mestiços", portugueses e viajantes de várias nacionalidades, criando novos hábitos alimentares, novos pratos e formas de comer, dando início à cozinha tipicamene brasileira.

SHEILA MOURA HUE

Nota

Para tentar recuperar o que se comia no Brasil no primeiro século após o Descobrimento, a pesquisa para este livro se baseou nos textos escritos no século XVI, buscando aí os testemunhos contemporâneos sobre a alimentação da época. De forma a organizar as informações, optamos por reproduzir a ordenação empregada pelos cronistas, que dedicavam diferentes capítulos ou seções de seus livros a cada uma das espécies descritas, divisão temática pautada na estrutura de livros mais antigos, como a *História natural*, de Plínio o Velho. Preferimos seguir mais de perto o formato da *História da província Santa Cruz*, de Pero de Magalhães de Gândavo, começando pelas plantas e em seguida passando aos animais. No entanto, adaptamos, à luz da ciência moderna, a antiga forma de organizar; por exemplo, dividimos os animais entre mamíferos, aves, peixes etc., em vez de reproduzir conceitos da época, como classificar a baleia como peixe (e não como mamífero) e outras concepções semelhantes. Quanto à ordenação de cada item dentro de seus grupos, começamos sempre pelos nativos do Brasil; além disso, organizamos as entradas de forma a transmitir a importância dada a cada elemento pelos cronistas. Assim, por exemplo, o camurupim e o bijupirá são os primeiros peixes da lista, por serem, justamente, os mais apreciados e mais citados.

Quanto às receitas, optamos pelas escritas na época, e para isso usamos os dois mais antigos livros de culinária escritos em português: *O livro de cozinha da infanta d. Maria*, do século XVI, e a *Arte de cozinha*, de Domingos Rodrigues, do século XVII.

A infanta d. Maria de Portugal (1538-1577), neta de d. Manuel, levou para a Itália em 1565, quando se casou com Alexandre Farnese, o duque de Parma, um manuscrito com receitas portuguesas compilado naquele século. O manuscrito está na biblioteca de Nápoles, e só em 1967 foi identificado como de propriedade da infanta e corretamente datado como um códice do século XVI. Empregamos, aqui, duas edições desse livro de cozinha, das quais transcrevemos as receitas:

- *Um tratado de cozinha portuguesa do século XV* (Rio de Janeiro, Instituto Nacional do Livro, 1963), edição preparada pelo professor Antônio Gomes Filho, cujas transcrições modernas nos foram especialmente úteis.

- *O livro de cozinha da infanta d. Maria* (Lisboa, INCM, 1986), organizado por Giacinto Manuppella e Salvador Dias Arnaut e originalmente publicado em 1967.

Domingos Rodrigues (1637-1719), cozinheiro do rei português d. Pedro II (não confundir com o nosso Pedro II), publicou em 1680, em Lisboa, o seu vasto livro *Arte de cozinha*, que, apesar de ser produto de outra época, em que a gastronomia portuguesa assimilava influências de outras cozinhas européias, também traz várias das receitas encontradas no livro de cozinha da infanta, como a galinha mourisca e a galinha albardada (receitas que incluímos aqui). Dessa coletânea, selecionamos os pratos mais tradicionais. Para a transcrição das receitas empregamos a edição impressa em Lisboa, por João Antônio da Costa, em 1765.

Em alguns casos, adaptamos as receitas originais, substituindo ingredientes europeus por brasileiros, muitas vezes seguindo sugestões contidas na *Arte de cozinha* quanto a essas substituições.

Os dois livros são testemunhos da cozinha aristocrática portuguesa, e provavelmente algumas de suas receitas eram preparadas nas casas mais abastadas do Brasil. Mas alguns acepipes, como as compotas de frutas e os beilhós, eram populares e comuns a várias classes sociais, como nos atestam observações contidas nas cartas jesuíticas escritas no Brasil e em textos de outros cronistas.

As receitas descritas pelos escritores do século XVI não foram destacadas, encontrando-se espalhadas ao longo do livro nas seções correspondentes ao seu ingrediente principal, como a farinha de palmito, o milho quebrado cozido com caldo de carne, os peixes cozidos com taioba e ainda outras preparações que os leitores podem tentar reproduzir usando o bom senso e um pouco de imaginação.

Ressaltamos que algumas receitas são hoje impossíveis de serem realizadas, seja por utilizarem animais agora ameaçados de extinção, seja por requererem processos caídos em desuso, sendo portanto meramente ilustrativas da cozinha da época.

As ilustrações foram extraídas de vários livros dos séculos XVI e XVII. Algumas estão nas primeiras edições de autores que vieram ao Brasil e relataram suas experiências em livro, como André Thevet, Hans Staden, frei Cristóvão de Lisboa, Guilherme Piso e Georg Marcgraf. Outras encontram-se em obras de autores que nunca vieram ao país, como Cristóbal Acosta, e em obras que catalogam a flora e a fauna do mundo então conhecido, como os livros de Conrad Gesner, Rembert Dodoens e Charles L'Ecluse. Em muitas delas observamos o tortuoso processo de representar uma coisa nunca vista, o que resulta em imagens sensivelmente divergentes do objeto representado.

* * *

De modo a esclarecer e completar as informações escritas pelos cronistas, identificar corretamente os animais e plantas e não reproduzir conceitos botânicos e zoológicos já há muito ultrapassados, produtos da visão dos homens do Renascimento, contamos com a revisão científica do biólogo especialista em biodiversidade Angelo Augusto dos Santos. Sempre que possível fornecemos os nomes científicos de animais e plantas, só deixando de fazê-lo quando são de difícil identificação.

Plantas

Frutos

✦ Ananás /Abacaxi

No Brasil é comum se venderem abacaxis às talhadas nos dias quentes de verão. Já em Portugal, porém, muita gente aprecia um bom sumo de ananás. Acontece que aquela fruta que os irmãos d'além-mar chamam ananás é a mesma que chamamos, cá, abacaxi. Ao longo dos séculos XVI, XVII e XVIII, os que escreviam sobre a fruta chamavam-na de ananás, só ocorrendo documentação escrita de "abacaxi" no século XIX, numa *Corografia paraense,* de A.C. Silva, onde o autor estabelece uma diferenciação entre abacaxi (o termo é, com forte probabilidade, oriundo do tupi *ibacati,* "bodum e fedor de fruto, ou fruto fedorento") e ananás (também do tupi, *naná*, "cheiro forte") quando escreve: "Os ananases são em abundância, e notam-se os abacaxis mui grandes, e superiores aos de Cuba..." . Mas, na verdade, o abacaxi e o ananás são diferentes nomes para designar a mesma fruta, o *Ananas comosus*, da família das bromeliáceas, provavelmente originária do Brasil e depois irradiada por toda a América do Sul e Central. Antes da descoberta de Colombo, o abacaxi já era cultivado em extensas regiões da América.

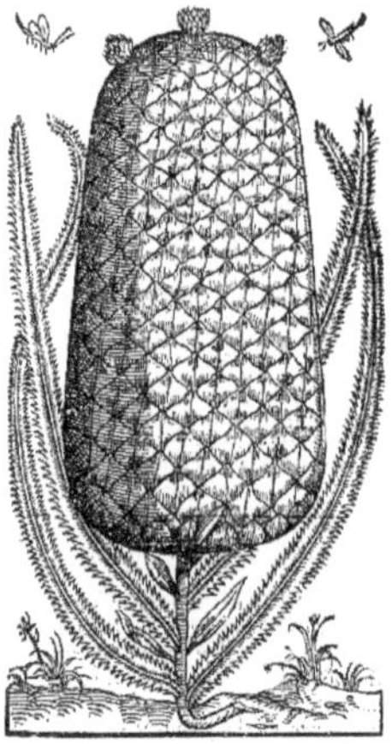

A fruta foi uma das primeiras a serem levadas para as colônias portuguesas e espanholas: em 1518 já estava plantada na Oriente e logo foi introduzida na África. O médico português Garcia de Orta, radicado em Goa, descreve em 1563 o ananás que comia na Índia como "rei das frutas no sabor, e muito mais no cheiro". O ananaseiro ganhou assim o mundo e espalhou-se fácil e rapidamente pelas regiões tropicais de todo o globo, o que originou uma série de variedades da fruta.

O primeiro a encontrá-lo foi Colombo. Nas Pequenas Antilhas, na ilha de Guadalupe, a 4 de novembro de 1493, foi posta diante do primeiro conquistador branco que aqui chega uma das maiores delícias da América tropical. "Fruto de grande flavor e fragrância", declarou Colombo. Vários abacaxis foram levados para a Espanha, mas apenas um resistiu à viagem, e foi comido pelo rei d. Fernando o Católico, que sentenciou que o abacaxi levava a palma sobre todos os demais.

Os primeiros cronistas e viajantes que escreveram sobre o Brasil fazem menção, aliás com grande interesse, ao abacaxi, que já vem citado pelo italiano Antônio Pigafetta, piloto da viagem de circunavegação de Fernão de Magalhães, em 1520, quando ele escreve sobre "um fruto parecido a uma fruta de pinho, mas que é doce em extremo e de um gosto *exquisito*".

O abacaxi é também descrito e admirado por Nóbrega, por Gândavo, na *História da província Santa Cruz*, por Fernão Cardim e por todos os que escreveram sobre o Brasil nessa época. Nóbrega, em uma de suas cartas, faz referência ao envio para a metrópole de conservas de ananases

> *São tão saborosos que, a juízo de todos, não há fruta neste reino que no gosto lhes faça vantagem. E assim fazem os moradores por eles mais, e os têm em maior estima que qualquer outro pomo que haja na terra.*
>
> Pero de Magalhães de Gândavo

que lá eram usadas como remédio para as pedras nos rins, não deixando de lembrar que, para isso, os verdes faziam melhor efeito. Gândavo registra que "a este nosso reino [Portugal] trazem muitos desses ananases em conserva", exalta a fruta como "a mais prezada de quantas há na terra" e registra seu cultivo em larga escala: "Fazem todos tanto por essa fruta que mandam plantar roças delas como de cardais." O padre Fernão Cardim, nos *Tratados da terra e gente do Brasil,* diz que "a fruta é muito cheirosa, gostosa, e uma das boas do mundo, muito cheia de sumo, e boa para doente de pedra". Há, entre cronistas, missionários e viajantes, uma completa unanimidade no louvor do abacaxi.

Como é de praxe, ao descreverem plantas ou animais desse mundo novo recém-descoberto, os europeus, para darem idéia da coisa nova nunca antes vista, estabelecem comparações com frutas e animais de lá, comparações que hoje, para nós, parecem surpreendentes, como aproximar o abacaxi da alcachofra, dizer que suas folhas lembram a erva babosa ou ainda como escreveu o cronista da *Relação do descobrimento da Frolida*: "Tirada a casca, parece o miolo um pedaço de coalhada." O então estranho aspecto desse fruto foi, como vemos, um desafio aos que descreveram sua aparência e seu maravilhoso sabor.

O francês Jean de Léry, em sua *Viagem à terra do Brasil,* diz do ananás: "É muito doce e o reputo o fruto mais saboroso da América." E acrescenta: "Quando aí estive, espremi um ananás que deu cerca de um copo de suco e este me pareceu saudável." Seu patrício André Thevet, que considera a fruta "excepcionalmente boa de se comer, tanto por sua doçura quanto por seu sabor", compara-a ao "açúcar fino" e demonstra interesse em levar a prodigiosa fruta para a Europa: "É impossível trazê-la para a França, a não ser em forma de compota, pois ela, quando madura, não se conserva incorrupta por muito tempo. Ademais trata-se de fruta sem semente, cuja reprodução é feita por meio de pequenos brotos, como os enxertos que nós conhecemos."

De suas cascas faz-se o saboroso aluá, uma espécie de gengibirra, um tanto gasosa por causa da fermentação, extremamente refrescante e conhecida em suas variantes regionais em todo o Brasil. Talvez o aluá seja um descendente direto do "vinho" feito pelos índios com o abacaxi, registrado por vários cronistas. Dizia o português Gabriel Soares de Sousa, senhor de engenho na Bahia, que o vinho que os índios fazem com as cascas do ananás "mal maduro", com o qual se embebedam, era o mais apreciado tanto por "mestiços como portugueses", como o padre Fernão Cardim, que o considerava "de bom gosto".

Gabriel Soares de Sousa, depois de exaltar os sabores e os odores do ananás, descreve pormenorizadamente a planta, suas folhas, sua resistência, as frutificações, e aborda o aspecto medicinal: "A natureza desse fruto é quente e úmida, e muito danosa para quem tem ferida ou chaga aberta; os quais ananases sendo verdes são proveitosos para curar chagas com eles, cujo sumo come todo o câncer e a carne podre, do que se aproveita o gentio." Outras utilidades e proveitos tem o ananás, segundo o senhor de engenho português. Suas cascas, quando verdes, eram usadas para limpar a ferrugem das espadas e facas, e para tirar manchas da roupa. A conserva era "muito formosa e saborosa e não tem a quentura e umidade de quando se come em fresco". Tanto melhor é unir o útil ao agradável: remédio e sobremesa.

> *O sabor dos ananases é muito doce e tão suave que nenhuma fruta de Espanha lhe chega na formosura, no sabor e no cheiro.*
>
> GABRIEL SOARES DE SOUSA
>
> *A fruta é muito cheirosa, gostosa, e uma das boas do mundo, muito cheia de sumo e gostoso, e tem sabor de melão ainda que melhor, e mais cheiroso.*
>
> FERNÃO CARDIM

Fernão Cardim advertia que "para febres é muito prejudicial", mas "cruas, desenjoam muito no mar, e pelas manhãs com vinho são medicinais". André Thevet diz que o abacaxi é a fruta que os índios comiam quando estavam doentes. O padre Francisco Soares, em *Cousas notáveis do Brasil*, acrescenta outras propriedades ao ananás: é diurético e faz sair a peçonha das serpentes venenosas "pelo mesmo lugar" de sua picada. O cronista ilustra esse efeito contando de "dois índios em lhe mordendo duas jararacas lhes fez logo um vergão, em o [ananás] comendo o desfez logo e botou a peçonha amarela..."

CONSERVA DE ANANÁS

Escolham alguns ananases bonitos e perfeitos, que já estejam maduros, e partam-nos em pedaços, deitando-os imediatamente numa vasilha com água fria. Num tacho ao fogo tenham uma calda bem rala, na qual se arrumam os pedaços de ananás bem apertados, de maneira a ficarem cobertos pela calda. Cubram tudo com um pano ou uma tampa qualquer, e deixem cozer. Se a calda minguar, acabem de encher o tacho com outra fervendo, e se ficar escura passem o ananás para outra calda, também fervente. Depois de bem cozido, tirem o ananás da calda, colocando-o num recipiente com água fria. Repitam essa operação durante quatro dias, três vezes ao dia, isto é, de manhã, de tarde e à noite. No fim desses quatro dias arrumem os pedaços de ananás num tacho, encham-no com água fervendo, cubram-no com um pano e deixem o ananás de infusão. Façam outra calda rala, e depois de escorrer o ananás de sua água, deitem-no naquela calda, que deverá estar fervendo. Por quinze dias ande o ananás nessa calda, que deverá levar uma fervura cada dia, e cada vez mais forte. No fim desse tempo a compota estará pronta.

Adaptado da receita de Compota de Diacidrão do *Livro de cozinha da infanta d. Maria*

✦ CAJU

O mais antigo registro da palavra "caju" é de 1576, na *História da província Santa Cruz*, de Pero de Magalhães de Gândavo: "A esta fruta chamamos caju; tem muito sumo, e come-se pela calma para refrescar, porque é ela por sua natureza muito fria, e de maravilha faz mal, ainda que se desmande nela." Chamou-lhe também a atenção a castanha, cuja casca "amargosa" faz empolar a boca e cujo miolo, assado, é "muito doce e mais gostoso que a amêndoa".

Como costumam fazer ao descrever as novas frutas e animais do Brasil, Gândavo compara os cajus a "peros repinaldos" (maçãs doces e oblongas), o padre Cardim resgistra que é "um pomo do tamanho de um repinaldo ou maçã camoesa" e o francês André Thevet diz que tem "a forma e o tamanho de ovos de gansa". Gabriel Soares de Sousa, em seu *Tratado descritivo do Brasil,* escreve sobre as qualidades terapêuticas do caju, que seria de natureza fria e bom para os doentes de febre e de fastio. Mas para Soares de Sousa a maior qualidade medicinal do caju é que "os quais [cajus] fazem bom estômago e muitas pessoas lhes tomam o sumo pelas manhãs em jejum para conservação do estômago, e fazem bom bafo a quem os come pela manhã, e por mais que se coma deles não fazem mal a nenhuma hora do dia e são de tal digestão que em dois credos se esmoem".

A castanha, Soares de Sousa a aproxima dos pinhões de Portugal, mas a considera "de muita vantagem" sobre estes. O padre Cardim afirma que ela é tão boa ou melhor que a de Portugal. O que hoje nos causa mais admiração é o fato de as portuguesas utilizarem a castanha de caju nas "conservas doces que costumam fazer com amêndoa, o que tem graça na suavidade do sabor". Registra o padre Cardim o uso da castanha de caju na confecção de "maçapães [marzipãs] e bocados doces como amêndoas". A informação de que se usavam as castanhas em lugar de amêndoas (não existentes na colônia) é retomada por Ambrósio Fernandes Brandão, no *Diálogo das grandezas do Brasil*: "E sobretudo o mais excelente legume de todos são umas castanhas que chamam caju, muito gostosas de comer e de muito nutrimento, que se conservam longo tempo, e se comem assadas, e da mesma maneira se servem delas para tudo em lugar das amêndoas." Para André Thevet, o católico autor de *Singularidades da França Antártica*, as castanhas tinham o "formato de um rim de lebre", e adquiriam "excelente sabor quando levadas ligeiramente ao fogo", mas o fruto, afirmou, não era "muito bom de comer".

Ao contrário de seu compatriota, o protestante Jean de Léry vai se deliciar com o caju, esquecendo-se da castanha. Escreve ele em sua *Viagem à terra do Brasil*: "Quando madura a fruta se torna mais amarela do

> *Convém tratar daqui por diante das árvores de fruto naturais da Bahia, águas vertentes ao mar e vista dele, e demos o primeiro lugar e capítulo por si aos cajueiros, pois é uma árvore de muita estima e de que há tantas ao longo do mar e na vista dele. Estas árvores são como figueiras grandes, têm a casca da mesma cor e a madeira branca e mole como figueira, cujas folhas são da feição das da cidreira e mais macias. As folhas dos olhos novos são vermelhas e muito brandas e frescas, a flor é como a do sabugueiro de bom cheiro mais muito breve. A sombra destas árvores é muito fria e fresca, o fruto é formosíssimo.*
>
> GABRIEL SOARES DE SOUSA

que o marmelo e não só tem bom gosto mas ainda dá um caldo acidulado agradável ao paladar. No calor esse refresco é excelente, mas as frutas são muito difíceis de colher por causa da altura das árvores e só podíamos obter quando os macacos, ao comê-las, derrubavam grande quantidade."

Soares de Sousa observa diferentes variedades de caju: o de fruto vermelho e comprido, os também vermelhos e redondos, outros parte vermelhos e parte amarelados, e ainda os amarelos e compridos. Eram deliciosos os cajus da Bahia de Gabriel Soares de Sousa: "Todos são muito gostosos, sumarentos e de suave cheiro, os quais se desfazem todo em água." De sabor especialíssimo, outra "casta", chamada cajuí (*Annacardium microcarpum*), que crescia nas campinas do sertão, era amarelo e do tamanho de "cerejas grandes": "Tem maravilhoso sabor, com uma pontinha de azedo", diz Soares de Sousa.

Havia ainda cajus mais azedos, utilizados em conservas "muito suaves", e "para se comerem logo, cozidos no açúcar cobertos de canela não têm preço". E acrescenta: "Do sumo desta fruta faz o gentio vinho

MAÇAPÃO (MARZIPAN) DE CASTANHA DE CAJU

Façam uma calda grossa com um quilo de açúcar e adicionem-lhe algumas gotas de água-de-flor. Quando a calda atingir o ponto de bala mole, juntem-lhe um quilo de castanhas de caju assadas.

Logo que misturarem as castanhas com a calda, tirem o tacho do fogo (mexendo sempre a mistura), acrescentem-lhe uma colher de sopa, mal cheia, de farinha de trigo, e continuem a bater, para que a massa fique bem fofa. Levem o tacho novamente ao fogo.

Para saber o ponto de cozimento, tomem um pouco na mão: se estiver bem ligada, a massa já estará cozida. Então tirem o tacho do fogo e ponham a massa numa tigela de louça.

Assim que a massa for esfriando, com as mãos molhadas façam os maçapães, do feitio que desejarem.

Adaptado do *Livro de cozinha da infanta d. Maria*

com que se embebeda, que é de bom cheiro e saboroso". O francês André Thevet provou e achou apenas razoável a beberagem indígena: "Alguns preparam com ele uma bebida cujo gosto lembra o de sorva mal amadurecida."

As mulheres portuguesas ainda encontraram um novo uso para o cajueiro, que nos mostra o quanto a doçaria brasileira quinhentista era refinada. Com a alva resina exsudada pelo caule e pelos galhos do cajueiro, fazia-se alcorce de açúcar – uma massa composta de açúcar, farinha, clara de ovo e de alcatira (a resina da adraganta, muito usada na Europa), e que era empregada para cobrir uma série de doces, como os confeitos de amêndoas.

O caju (*Anacardiun occidentale*), provavelmente originário das costas do Nordeste brasileiro, foi levado, ainda no século XVI, para a Índia e outras regiões do Oriente, e lá se deu tão bem que chegou a ser considerado originário da Índia, onde além de apreciado como fruta e por suas propriedades medicinais era usado na produção do popular *fenin*, uma bebida destilada feita do suco de caju fermentado.

Banana

Ao escrever seu livro sobre a província Santa Cruz – o Brasil –, Pero de Magalhães de Gândavo observa, entre outras coisas surpreendentes, um fenômeno que fazia jus ao santo nome do país. Ao cortar-se transversalmente uma banana, miraculosamente o que se via? Uma cruz! Também o senhor de engenho Gabriel Soares de Sousa registra o mesmo fenômeno: "Quem cortar atravessadas as bananas, ver-lhe-á no miolo uma feição de crucifixo sobre o que os contemplativos têm muito a dizer."

Era uma época em que cristãos, e principalmente os jesuítas, encontravam no Novo Mundo diversos sinais da presença divina, como as então famosas pegadas de são Tomé, o que vinha a lhes comprovar que aquela terra, apesar de bárbara e selvagem, fazia também parte do reino de Deus. A banana, portanto, tão abundante no Brasil, encarnava mais um desses milagres no cotidiano dos primeiros colonos, e havia quem, em respeito à santa cruz, nem mesmo cortasse bananas à faca.

Gândavo e Soares de Sousa repercutiam uma noção comum na época que vinculava a banana a uma origem bíblica. Vários escritores do século XVI acreditavam que o fruto do qual Eva provou no paraíso, e que julgou "bom de comer... belo aos olhos e de aspecto deleitável", era não uma maçã, mas uma banana. E outros sustentaram, ainda, que as folhas de fícus com as quais Adão e Eva se cobriram eram folhas de bananeira. Por isso o jesuíta Fernão Cardim, ao descrever a fruta, que conheceu no Brasil, pondera: "Esta é a figueira que dizem de Adão", "a mais admirável de todas as frutas que se conhecem até hoje".

Todos os cronistas do século XVI, ao escreverem sobre a banana, compararam-na a figos ou a pepinos. Gândavo observa que tem "feição de pepinos" e "uma pele como de figo (ainda que mais dura)". Thevet escreve: "Quanto à grossura, a desta fruta é igual à de um pepino, fruto com o qual ela aliás muito se assemelha." Todos também eram unânimes quanto ao sabor e a tinham como uma das mais saborosas e boas da terra. Como observa o francês Jean de Léry, "é verdade que são mais doces e mais saborosas do que os melhores figos de Marselha e deve, portanto, figurar entre as frutas melhores e mais lindas do Brasil". O corsário inglês Richard Hawkins registrou que as bananas eram "macias como manteiga" e que as melhores que havia comido eram as da Ilha Grande, no Rio de Janeiro.

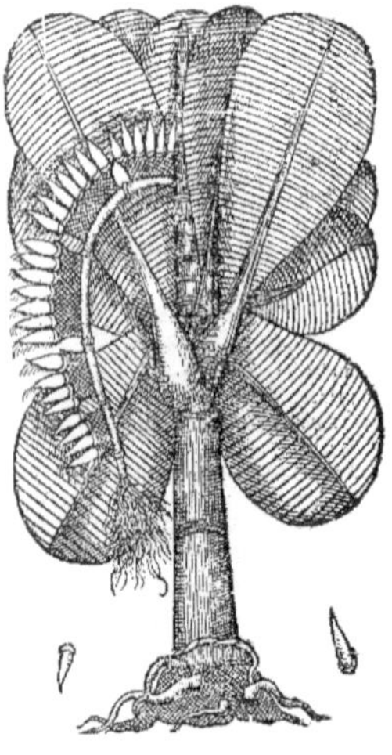

A banana é na verdade originária do sudoeste asiático, e foi trazida ao Brasil, pelos portugueses, das ilhas Canárias. Conhecida na Índia como figo e pelos povos brasileiros como pacova, seu nome hoje mais difundido é provavelmente de origem africana. Um de seus nomes científicos é *Musa paradisíaca*, devido ao termo com que os árabes a denominavam: musa, ou amusa. Pouco versado em árabe, porém, um padre católico afirmou que assim se chamava por ser a fruta das Musas...

A exemplo de outras frutas asiáticas, logo os portugueses a introduziram em suas possessões africanas e americanas, onde de tal forma se disseminou que alguns cronistas, como o senhor de engenho Gabriel Soares de Sousa, acreditavam que fosse nativa da América. E era tal a fartura que a banana se tornou uma das peças de resistência da alimentação brasileira. Como registra Gândavo, "assadas verdes passam por mantimento e quase têm substância de pão". Muitos viajantes observam que algumas tribos indígenas e a maioria dos escravos negros alimentavam-se quase que exclusivamente de banana. Também os europeus, em apertos de fome, valeram-se do nutritivo fruto – como fizeram os jesuítas recém-instalados no Espírito Santo que, "sofrendo alegremente mínguas e necessidades corporais", "comiam bananas assadas e milho verde". A banana era uma espécie de pão vegetal, de alto valor calórico e muito nutritiva.

Além de excelentes propriedades alimentares, a banana também desempenhava, no Brasil quinhentista, o papel de medicina das mais empregadas. "Assadas maduras são muito sadias e se mandam dar aos enfermos", diz Gândavo, não sem fazer um alerta: "faz dano à saúde e causa febre a quem se desmanda nela". Fernão Cardim recomenda seu uso para "os enfermos de febres e peitos que deitaram sangue". Gabriel Soares de Sousa registra: "Dão-se estas pacovas assadas aos doentes em lugar de maçãs." Na

> *Está é a figueira que dizem de Adão, nem é árvore, nem erva, porque por uma parte se faz muito grossa, e cresce até vinte palmos em alto; o talo é muito mole, as folhas que deita são formosíssimas e algumas de comprimento de uma braça, e mais, todas rachadas como veludo de Bragança, tão finas que se escreve nelas, tão verdes, e frias, e frescas que deitando-se um doente de febre sobre elas fica a febre temperada com sua frialdade, são muito frescas para enramar as casas e igrejas. ... A fruta se põe a madurar e fica muito amarela, gostosa e sadia, maxime para os enfermos de febres e peitos que deitaram sangue; e assadas são gostosas e sadias. É fruta ordinária de que as hortas estão cheias, e são tantas que é uma fartura, e dão-se todo ano.*
>
> FERNÃO CARDIM

Índia, o "físico" Garcia de Orta registra que os médicos indianos também as davam "em dieta para febres e para outras enfermidades". Orta, que além de médico e botânico era um ótimo garfo, aconselha comê-las muito bem assadas, deitadas em vinho, com canela por cima, observando que assim "sabem a marmelos assados e muito melhor", e também receita que se as cortem ao meio e fritem em açúcar até que estejam bem torradas, polvilhando-as então com canela. Gabriel Soares de Sousa, apesar de achar a geléia de bananas "muito sofrível", julgava-as "muito gostosas": "Cozidas no açúcar com canela são extremadas e passadas ao sol sabem a pêssegos passados." E concluía: "Basta que de todas as maneiras são muito boas."

Registram-se várias "castas" e diversos tamanhos. Gabriel Soares de Sousa gostava especialmente de umas avermelhadas, pequenas, do comprimento de um dedo, "tão doces como tâmaras". Gândavo refere-se a dois tipos: "Umas são pequenas como figos berjaçotes, as outras são maiores e mais compridas." O inglês Richard Hawkins observou umas pequenas, redondas e verdes. Como resume Ambrósio Fernandes Brandão, no *Diálogo das grandezas do Brasil*, ao descrever o fruto: "Uns grandes e outros mais pequenos, de diferentes castas e feições, gostosos no comer e de bom cheiro, dos quais há número infinito."

✦ Goiaba

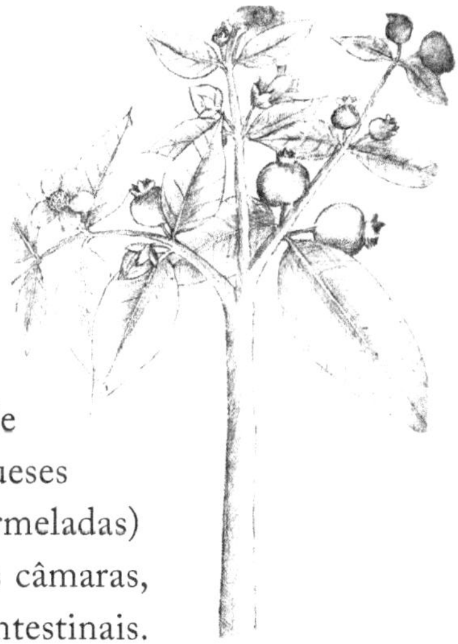

Numa carta de 1561, o padre Manuel da Nóbrega, escrevendo a um padre de Lisboa, enumera todos os produtos brasileiros que estava enviando para Portugal e faz uma das primeiras menções à goiaba (*Psidium guajava*). Entre as conservas enviadas de São Vicente para os irmãos enfermos portugueses estão as geléias (chamadas em Portugal de marmeladas) de araçá, especialmente recomendadas para as câmaras, ou seja, para disenterias e outros desarranjos intestinais. Diz o padre Nóbrega, acenando com uma possível exportação regular do saboroso remédio: "Disso podemos cada ano daqui prover os nossos irmãos, se for coisa que lá queiram."

A geléia e a conserva de goiaba são louvadas por grande parte dos cronistas, tanto pelo sabor quanto pelos efeitos medicinais. O padre Francisco Soares a considerava muito boa para o fastio, ou seja, como digestivo. E advertia que "pelos campos e matos há deste fruto muito; fazem conserva deles para câmaras e também assim maduros servem para as estancar e são muito apetitosos".

> *Araçazeiras são outras árvores que pela maior parte se dão em terra fraca na vizinhança do mar, as quais são como macieiras na grandeza, na cor da casca, no cheiro da folha e na cor e feição dela. A flor é branca da feição da de murta e cheira muito bem. Ao fruto chamam araçazes que são da feição das nêsperas, mas alguns são muito maiores. Quando são verdes têm a cor verde e quando são maduros têm a cor das peras.*
>
> Gabriel Soares de Sousa

O senhor de engenho Gabriel Soares de Sousa apreciava a fruta *in natura*: "Esta fruta se come toda, e tem ponta do azedo mui saboroso, da qual se faz marmelada, que é muito boa, e melhor para os doentes de câmaras." Também o padre Fernão Cardim era um apreciador: "São gostosas, desenfastiadas, apetitosas, por terem alguma ponta de agro."

Ambrósio Fernandes Brandão lastima que não se fizessem plantações de goiaba: "Que os moradores do Brasil por negligência as deixam estar até agora agrestes, espalhadas pelos matos, as quais, se foram cultivadas, se avantajariam em bondade e gosto." Era uma fruta do mato, não cultivada, e ao ser levada pelos portugueses para a África e o Oriente rapidamente se difundiu devido à sua rusticidade.

As goiabas ou araçás brasileiros (espécies do mesmo gênero), ao serem descritas pelo olhar europeu, são quase sempre comparadas a nêsperas, peras ou maçãs, e suas flores e folhas são louvadas pelo cheiro.

MARMELADA DE GOIABA

Para dois quilos de goiaba, usem dois quilos e meio de açúcar.

Cozinhem as goiabas inteiras, só na água, abafando-as bem. A seguir descasquem-nas, cortem-nas em pedaços, passando-as então por uma peneira fina.

Pode-se também descascar as goiabas antes de levá-las ao fogo e, nesse caso, serão cozidas com um pouco de açúcar e passadas depois pela peneira. Façam uma calda em ponto de espelho, adicionem-lhe um pouco de água-de-flor, deitem dentro as goiabas passadas pela peneira e misturem tudo muito bem, fora do fogo. Levem novamente o tacho ao fogo e mexam a marmelada até que se desapegue do fundo.

Adaptado do *Livro de cozinha da infanta d. Maria*

Enquanto os colonos e europeus se desenfastiavam com goiabas cruas ou curavam suas câmaras com apetitosas geléias, os índios, conta-nos Francisco Soares, empregavam a fruta na confecção de "vinho de araçá".

Conheciam-se várias "castas" da fruta. "Perinhos amarelos, vermelhos e verdes", segundo a classificação de Fernão Cardim. Já Francisco Soares era mais específico e identificava os araçá-pitanga de São Vicente, vermelhos e amarelos, além dos grandes araçá-guaçus e dos araçaetes, e Gabriel Soares de Sousa, na Bahia, registra umas goiabas de casca grossa como laranja, muito saborosas, provenientes de umas árvores grandes, às quais se aparava a casca antes de comê-las.

Maracujá

Louvado por suas flores, sua fresca sombra e seu fruto, os pés de maracujá plantavam-se em agradáveis latadas, onde os colonos se abrigavam nas tardes de calor. Ao explicar o que era um maracujá a um europeu que nunca vira a fruta, Brandônio, personagem do *Diálogo das grandezas do Brasil*, de Ambrósio Fernandes Brandão, descreve-o como "um fruto do tamanho de uma pinha, mui regalado, cujo miolo que é como o da abóbora, se sorve ou come às colheradas, com dar muito e maravilhoso cheiro". O padre Fernão Cardim foi o primeiro a divulgar as virtudes do maracujá, afirmando que é "fruta de que se faz caso". Agradava-lhe comer, tudo junto, a "substância de pevides [caroços] e o sumo com certa teia que as cobre", afirmando que "é de bom gosto" e apreciando especialmente a pontinha de azedo. Já o senhor de engenho Gabriel Soares de Sousa, na Bahia – também afeito à ponta de azedo, que tornava a fruta "fria de sua

natureza", "mui desenfastiada" – recomendava-a para doentes de febres, ensinando: "Enquanto é nova, faz-se dela boa conserva; e enquanto não é bem madura, é mui azeda."

Conheciam-se várias castas de maracujás, variando o tamanho, forma e cor de seus frutos, e abundando em vários tipos de magníficas e cheirosas flores. Brandão registra o grande maracujá-açú e o maracujá-peroba, "excelente para conserva", o maracujá-mexiras e o pequenino maracujá-mirim. Fernão Cardim é menos específico e comenta apenas que alguns são redondos como laranjas e outros "da feição de ovo", sendo uns amarelos e outros pretos. Existem 400 espécies pertencentes ao gênero passiflora, 60 delas dão frutos comestíveis, e algumas são originárias do Brasil, como as espécies descritas por Brandão.

Pelo padre Francisco Soares sabemos que havia maracujás em quantidade no Brasil do século XVI. Além de serem apreciados pelo sabor, eram muito conhecidas e usadas as suas propriedades medicinais. A folha, depois de bem pisada, era posta em cima de feridas para "desafogá-las" e para, com a sua natureza fria, tirar "o fogo e o câncer que tiver". Também era remédio para uma doença muito freqüente na época, a sífilis. E são dois padres jesuítas os cronistas que se referem a esse emprego, e ensinam seus leitores que as folhas do maracujá espremidas com verdete "são o único remédio para boubas".

Na flor do maracujá os missionários europeus souberam ver uma simbologia da paixão de Cristo – daí sua designação como *fruit-de-la-passion* em francês e *passion fruit* em inglês. A coroa floral representava a coroa de espinhos, os três estigmas da flor simbolizavam os três cravos que prenderam Cristo na cruz, e as cinco anteras florais, as cinco chagas de Cristo; as gavinhas eram os chicotes com que o açoitaram e o fruto redondo representava o mundo que o Cristo veio salvar. Francisco Soares descreve lindamente a planta:

No pé de cada folha nasce um talinho delgado onde nascem três folhazinhas a modo de lancetas e quase do mesmo comprimento, e em cima destas nascem cinco do mesmo modo, com outras cinco brancas do mesmo modo, e todas em torno como coroa; no pé destas nasce uma coroa de raios muito delicados, redonda, azul muito fino e metade branca, e em cima desta coroa nasce outra de cinco hastes pequenas; nas pontas das hastes tem cinco covas como de argentaria, andam à roda e não quebram; em cima se cria o pomo, que é como redondo e como uma laranja pequena; em cima deste pomo estão três cravos muito bem-feitos, e este é o remate de sua flor.

Francisco Soares

Sapucaia

Descrita por quase todos os cronistas, a sapucaia impressionava principalmente pelo tamanho e formato da cabaça, e pela maneira como os frutos se dispõem dentro dela. Os "vasos", parecidos com "jarras da Índia", fechados com delicadas e esculpidas tampas, maravilhavam os europeus, por mais parecerem feitos "por artifício de indústria humana" do que criados pela natureza. Quando o fruto cai no chão, a bem talhada tampa desprende-se, e dentro da cabaça os viajantes e colonos encontravam "dez ou onze repartimentos e em cada um uma fruta tamanha como uma castanha de Espanha".

Muito antes de a culinária brasileira descobrir a castanha-do-pará – que é uma das várias espécies da família Lecythidaceae, como a sapucaia (*Lecythis pisonis*) –, os colonos e viajantes do Brasil quinhentista se deliciavam com as castanhas da sapucaia, nozes de alto valor nutricional. "Muito doces e saborosas em extremo", segundo Gândavo. "Muito

> *Continuando a descrição das árvores do Brasil, mencionarei a sabucaié, que dá um fruto do tamanho de dois punhos juntos; formado à feição de uma taça, neles se encerram pequenos caroços como amêndoas e quase com o mesmo gosto. A casca desse fruto, que julgo ser o coco da Índia, é utilizada para fazer vasos que, torneados e bem trabalhados, são encastoados de prata cá na Europa. Um certo Pedro Bourdon, excelente torneiro, fez, quando estávamos no Brasil, lindos vasos e outros utensílios tanto com os frutos da sabucaié como com madeiras de cor, tendo presenteado Villegagnon com alguns deles.*
>
> JEAN DE LÉRY

saborosas, assim assadas como cruas", dizia Gabriel Soares de Sousa. "Quase com o mesmo gosto das amêndoas", na descrição de Jean de Léry. Mas havia uma restrição, conhecida por todos: "se comem muitas cruas, dizem que faz pelar os cabelos", dizia o padre Francisco Soares. No que era apoiado pelo padre Fernão Cardim: "Se comem muita dela verde, pela uma pessoa quantos cabelos tem em seu corpo; mas assada é boa fruta."

Os belos "vasos" da sapucaia eram apreciados tanto pelos europeus, como objeto utilitário ou decorativo, quanto pelos índios, como cuia para "pisar" o sal e a pimenta. E a madeira dessa alta e belíssima árvore era empregada nos eixos dos engenhos de açúcar.

Mamão

Temos aqui um dos mais bem-sucedidos casos de fruta nativa da América levada pelos portugueses para a África e para a Índia, de onde se espalhou pelo Oriente, tornando-se praticamente nativa e ingrediente básico da cozinha de muitos países orientais – da mesma forma como, para nós, a indiana mangueira é, afetivamente, uma árvore brasileira.

São poucos os cronistas a se referirem ao mamão (*Carica papaya*). Segundo diz o padre Fernão Cardim, as altas árvores, cujos frutos maduros eram "muito gostosos e de fácil digestão", eram raras. Ao que tudo indica, o primeiro a usar essa palavra para designar o fruto foi Gabriel Soares de Sousa, que, aliás, faz uma bela descrição, indicando, provavelmente, que muito o apreciava: "De Pernambuco vieram à Bahia as sementes de uma fruta que chamam mamões. São tamanhos de feição e cor aos pêros camoeses, e têm muito bom cheiro quando são de vez, nas árvores. E em casa acabam de amadurecer e quando são maduros se fazem moles como melão e para se comerem cortam-se em talhadas como maçã e tira-se-lhes as pevides que são crespas e pretas como as de pimenta da Índia, e o que se come é da cor e brandura do melão e o sabor é doce e muito gostoso."

Soares de Sousa também descreve o mamoeiro-bravo ou mamão-do-mato (*Jacaratia spinosa*), "que em todo se parece com estes mamões, senão que mais pequenos, o qual os índios chamam jacarateá ... o fruto, amarelo por fora, da feição e tamanho dos figos-abóboras ou longais brancos, tem a casca dura e grossa ... tem bom cheiro, o sabor toca de azedo". Do jaracatiá, o padre Francisco Soares fazia uso medicinal, indicando que era "uma fruta boa para câmaras de sangue [diarréias sangüíneas]" e que a raiz moída também era usada para esse fim. O leite branco extraído do tronco também tinha sua serventia, segundo conta Fernão Cardim: "Coalha-se e pode servir de lacre se quiserem usar dele."

Mangaba

Ao falar sobre as árvores de fruto que se dão na vizinhança do mar da Bahia, o senhor de engenho português Gabriel Soares de Sousa detém-se nas mangabeiras (*Hancornia speciosa*), nativas do Brasil, que se espalhavam pelas campinas e terras fracas.

A descrição é detalhada: são do tamanho de pessegueiro, têm os troncos delgados, a folha miúda, a flor como a do marmeleiro, de fruto amarelo corado de vermelho, do tamanho de ameixas ou maiores. Quando verdes, as mangabas são todas cheias de leite, e eram colhidas assim inchadas e levadas para amadurecerem em casa, de um dia para o outro (se as deixassem na árvore, cairiam no chão e apodreceriam). No dia seguinte, comiam-se as mangabas inteirinhas, sem deitar nada fora, como se come um figo, porque a casca é tão delgada "que se se lhe pela se as enxovalham". De bom cheiro e suave sabor, a mangaba tinha a grande vantagem de poder ser comida em grandes quantidades, sem causar desconfortos. "É de boa digestão e faz bom estômago, ainda que comam muito", dizia Gabriel Soares de Sousa. "E por muitas que comam não empacham nem enfastiam", sustentava o padre Francisco Soares. "Por mais que comam, parecem que não comem fruta", concordava o missionário Fernão Cardim.

A flor também era muito apreciada, conta Cardim: "É toda como jasmim, e de tão bom cheiro, mas mais esperto." Sendo uma fruta "fria", recomendava-se para doentes de febres. E a conserva de açúcar, feita com as frutas ainda não totalmente maduras, era considerada "muito medicinal e gostosa". Já os índios, segundo seus hábitos, usavam-na no fabrico de vinhos.

Jabuticaba

O padre Francisco Soares, que tinha corrido todas as vilas de São Vicente até Pernambuco, era um entusiasta da jabuticaba (*Myrciaria cauliflora*): "É das melhores frutas do Brasil." Ao descrever doze frutas brasileiras, o jesuíta a elegeu como a número um. E eram enormes as jabuticabas em 1590: "Em São Vicente as vi boas, são como limões pequenos" dizia Soares, ecoando o que Fernão Cardim, também da Companhia de Jesus, escreveu: "É do tamanho de um limão seitil." Os dois concordavam sobre o sabor, que hoje nos parece meio improvável: "O sabor é como de uvas" afirmava o primeiro; "no gosto, parece de uva ferral", descrevia Cardim.

As jabuticabas não eram abundantes como os abacaxis, os cajus ou as bananas. Segundo Cardim, era "fruta rara", sendo encontrada somente pelo sertão adentro da capitania de São Vicente (a fruta é nativa da mata atlântica de São Paulo e Minas Gerais). Ao que tudo indica, os colonos ainda não tinham descoberto o licor de jabuticaba, que talvez viriam a aprender inspirando-se nos índios, que faziam "vinhos" com a fruta, "que cozem como vinho de uvas".

Curiosamente, em tupi, jabuticaba quer dizer "comida de cágado".

Umbu

Gabriel Soares de Sousa dedica um capítulo inteiro ao umbu (*Spondias tuberosa*), mas não era um entusiasta da fruta. Relata, secamente, que tinha o tamanho, a feição, a cor e o sabor das ameixas brancas. Ávido comedor de outras frutas, o sábio senhor de engenho português não sofreu as desagradáveis conseqüências relatadas pelos jesuítas. Os padres Fernão Cardim e Francisco Soares eram enfáticos sobre o fruto: "Faz perder os dentes e os índios que as comem os perdem facilmente", "são muito gostosas, mas ruim para os dentes, por tempo os faz cair".

Nativa da caatinga, "que está pelo menos vinte léguas do mar, que é terra seca, de pouca água", como explica Gabriel Soares de Sousa, a árvore parecia que tinha sido feita na medida para matar a sede dos índios que ali viviam, em região tão árida. Suas raízes, compridas como batatas, eram descascadas e assim ficavam branquinhas e "brandas como coco", e o sabor era tido como "mui doce e tão sumarento que se desfaz na boca tudo em água frigidíssima e mui desencalmada". Como explica Soares de Sousa: "Com o que a gente que anda pelo sertão mata a sede onde não acha água para beber, e mata a fome comendo esta raiz, que é mui sadia, e não fez nunca mal a ninguém que comesse muito dela." Cardim assevera que essas raízes "são frias, sadias e dão-se aos doentes de febres".

Mucujê

Para os portugueses, o também chamado macuoé, mocujê ou macujê (*Couma rigida*) parecia-se com as "peras do mato de Portugal", os "perinhos do mato do Alentejo" e maçãs pequenas. Eram redondos e pardos ou "almecegados" (amarelados). Colhiam-se verdes e eram postos a madurar, pois maduros eram muito gostosos e de fácil digestão, com um sabor "algum tanto doce sobre o azedo". Comiam-se inteiros, como figos. Gabriel Soares de Sousa é enfático: "O sabor é mui suave e tal que lhe não ganha nenhuma fruta de Espanha nem de outra nenhuma parte."

Pequi

Apreciada pelo padre jesuíta Francisco Soares, que se admirou com uma enorme árvore que viu no Rio de Janeiro, de noventa palmos de largura. Seu fruto (*Caryocar brasiliense*), que comparou à maçã, precisava ser aberto para que se descobrisse uma espécie de amêndoa, "de carne muito gostosa". Gabriel Soares de Sousa achava o gosto parecido com o de pinhões crus. Hoje é integrante fundamental na cozinha típica goiana.

PEQUIÁ

Descrita como uma fruta do tamanho de uma laranja ou de um marmelo, com a casca grossa como de laranja ou de cabaça, de cor parda por fora e guardando dentro de si, além de grandes sementes, "um mel tão claro e doce como açúcar", "um mel que parece açúcar clarificado", "um mel branco e muito doce". O mel se come "aos sorvos" ou "com colher" e "refresca muito no verão". Seu nome científico é *Caryocar villosum*.

ARATICUM

Conheciam-se muitas castas de uma árvore do porte de uma laranjeira ou amoreira, cuja fruta do tamanho e aparência de uma pinha era louvada pelo cheiro, por ser "desenfastiada" e por ter "um azedo bom". Tanto Fernão Cardim quanto Francisco Soares, ao descreverem o que designam como araticu, estão se referindo ao araticum (*Annona crassiflora*), fruta nativa do Brasil, da mesma família e muito parecida com a fruta-do-conde (batizada em homenagem ao conde de Miranda, que a introduziu na Bahia em 1626), que relegou o nosso araticum nativo ao esquecimento.

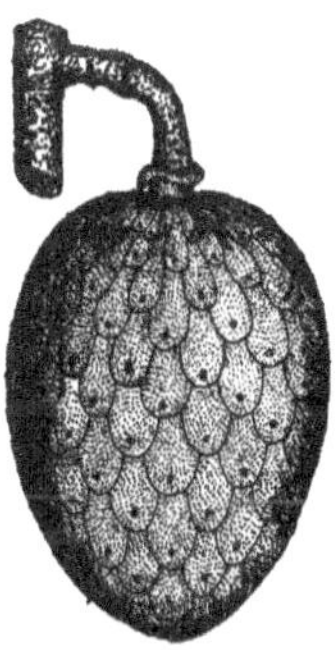

Existem mais de três dezenas de espécies do gênero Annona, entre elas a fruta-do-conde, a cherimolia, a condessa e os nossos vários tipos de araticum, todas nativas da América. Já no século XVII foram introduzidas no Oriente, onde se difundiram rapidamente, e hoje ainda são conhecidas como a "jaca dos portugueses". Também na África, principalmente em Angola, algumas espécies do gênero se disseminaram, sendo chamadas de "coração-de-negro". Hoje, as anoneiras estão espalhadas por todo o mundo tropical.

Ao escrever sobre o araticu, Gabriel Soares provavelmente está se referindo não ao araticum, mas à graviola (*Annona muricata*), quando descreve uma fruta toda mole por dentro, com uma casca muito fina, que "para se comer corta-se em quartos lançando-lhe fora umas pevides que tem, amarelas e compridas". A graviola era louvada por ser "fresca" e especialmente indicada para os dias de verão: "O fruto cheira muito bem, e tal é o seu cheiro que estando em cima da árvore se conhece de baixo que está maduro pelo cheiro."

Pitanga

A hoje apreciadíssima pitanga (*Eugenia uniflora*) não representava para os brasileiros, em nosso primeiro século, nem a sombra do que é agora. O personagem Brandônio, nos *Diálogos da grandeza do Brasil*, cita a ubapitanga, fruta "da feição de ginjas", em meio a uma grande lista de frutas, mas não se detém nela ou em suas propriedades.

Curiosamente, o único a descrever uma fruta com todas as características da pitanga é o corsário inglês Richard Hawkins, que passou pelo Brasil em 1593. Em uma ilha entre o estado do Rio de Janeiro e o de São Paulo, ele se maravilhou com "uma espécie de cereja, de cor vermelha, com um caroço, não totalmente redonda, mas em gomos, e com um sabor extremamente agradável".

Abajeru

Era apreciado por Gabriel Soares de Sousa, que observava as árvores ao longo das praias da Bahia e se deliciava com seus frutos "da feição e do tamanho das ameixas de cá e de cor roxa": "Comem-se como ameixas, mas têm maior caroço, o sabor é doce e saboroso." Trata-se do carnudo abajeru-vermelho (*Chrysobalanus icaco*), ainda encontrado nas praias e dunas do litoral baiano.

Mundururu

Ao descrever as árvores de fruto afastadas do mar, Gabriel Soares de Sousa é o primeiro a dar notícia do mundururu (*Mouriri pusa*), também conhecido como mandapuçá: "Árvore que dá umas frutas pretas, tamanhas como avelãs, que se comem todas, lançando-lhes fora umas pevides brancas que tem, a qual fruta é muito saborosa."

Amaitim

Também descrito por Gabriel Soares de Sousa: "Tem cachos maiores que as uvas ferais, uns bagos redondos, tamanhos como os das uvas mouriscas e muito esfarrapados, cuja cor é roxa e cobertos de um pêlo tão macio como veludo, metem-se estes bagos na boca e tiram-lhe fora um caroço como de cereja que tem o pêlo, entre a qual e o caroço tem um doce mui saboroso como sumo das mesmas uvas." Fruta de difícil identificação.

Apé

Com a forma de amoras, mas de cor esbranquiçada, os frutos "têm bom sabor com ponta de azedo", são indicados para quem tem fastio e nascem em árvores que crescem ao longo do mar. Talvez trate-se da amora-branca (*Rubus erythrocladus*).

✦ Murici

Amarelos e menores que cerejas, os muricis (*Byrsonima crassifolia*) nascem em pinhas, são moles e comem-se inteiros. Segundo Gabriel Soares de Sousa, o "murusi" tem um gosto inusitado: "Cheira e sabe a queijo de Alentejo que requeima."

✦ Buranhém

O francês Jean de Léry provou o fruto do buranhém (*Pradosia lactescens*) – que ele chamou de hiyraré – e disse que era muito agradável ao paladar, principalmente quando recém-colhido. André Thevet descreveu o fruto como do tamanho de uma ameixa européia e amarelo "como ouro fino de ducado", indicando, ainda, que "o pequeno caroço tenro e delicado" era indicado para "os que sofrem de moléstias ou enjôos". A casca dessa grande árvore, conhecida dos índios como imbiraé, ou seja, "madeira-doce", também tinha propriedades medicinais: André Thévet observou que os índios a empregavam para combater a então freqüente piã, isto é, a sífilis.

✦ Copinha

Os frutos dessa árvore que cresce ao longo do mar e dos rios por onde entra a maré são pretos e "maiores que murtinhos". A árvore fica tão carregada deles, que "ordinariamente negrejam ao longe". Na descrição de Gabriel Soares de Sousa: "Sua fruta se come como uvas e tem o sabor delas quando vindimam as que estão muito maduras e tem uma pevide preta que se lha lança fora." Fruta de difícil identificação.

✦ Maçaranduba

Gabriel Soares de Sousa chama-a de maçarandiba (*Manilkara huberi*) e elogia sua madeira, cuja qualidade é muito conhecida. Não é muito difundido o fato de que seu fruto é comestível, parecido com sapotilha.

"Seu fruto é da cor dos medronhos [fruto semelhante ao morango] e de seu tamanho, cuja casca é tesa e tem duas pevides dentro que se lhe lançam fora com a casca, o mais se lhe come, que é doce e muito saboroso, e quem come muito dessa fruta, pegam-se-lhe os bigodes com o sumo dela, que é muito doce e pegajoso", descreve Gabriel Soares de Sousa.

✦ Mucuri

Árvore comum nas praias baianas, o mucuri (*Astronium macrocalyx*) dá "umas frutas amarelas como albaricoque, que cheiram muito bem, e tem grande caroço". Come-se descascado. Segundo Gabriel Soares de Sousa, "é de maravilhoso sabor".

✦ Cajá

Descrito como um fruto amarelo, semelhante às ameixas no tamanho e na casca, com um grande caroço, de "pouco que comer" e de muito bom cheiro. "O sabor é precioso com ponta de azedo, cuja natureza é fria e sadia, dão-se estas frutas aos doentes de febres por ser fria e apetitosa", ensina Gabriel Soares de Sousa. Hoje o cajá (*Spondias mombin*) continua a ser tão apreciado quanto na época do guloso senhor de engenho.

✦ Ingá

Comparada às alfarrobas da Espanha, o fruto (*Inga edulis*) é uma vagem grande e verde. Dentro dela encontra-se uma substância branca adocicada, muito saborosa, envolvendo sementes pretas.

✦ Bacupari

Louvado pelo bom cheiro, é descrito como um fruto amarelo com a casca grossa como de laranja, facilmente removível. Em torno dos dois caroços, encontra-se a substância comestível, "de maravilhoso sabor". Seu nome científico é *Peritassa campestris*.

✦ Comichã

Trata-se da grumixama (*Eugenia brasiliensis*). Gabriel Soares de Sousa descreve as vermelhas: "Tamanhas e de feição de murtinhos, se comem todas lançando-lhe fora uma pevide preta, a qual fruta é muito gostosa."

✦ Mandiba

"Tamanha como cerejas, de cor vermelha e muito doce, come-se como sorva lançando-lhe o caroço fora e uma pevide que tem dentro e a sua semente", descreve Gabriel Soares de Sousa. Fruta de difícil identificação.

Cambuí

Era descrito como um fruto do tamanho, feição e cor (amarelado) das maçãs de anáfega. "Muito saborosa e tem ponta de azedo", louva Gabriel Soares de Sousa. Os frutos do cambuí (*Myrciaria tenella*) também podem ser vermelhos e hoje são usados para a confecção de geléias.

Curuanha

Se um senhor de engenho oferecesse a um visitante uma perada e o visitante se regalasse com o doce, ficaria muito surpreso ao saber, depois, que se tratava não de perada de fato, mas de doce de curuanha. Nascida de uma trepadeira, a fruta (*Dioclea malacocarpa*) tem forma de fava. Quando aberta, deixa ver três ou quatro caroços, que eram usados para moléstias do fígado, sendo a massa comestível da grossura de uma casca de laranja. Gabriel Soares de Sousa era um aficicionado: "Tem extremado sabor; comendo-se esta fruta crua, sabe e cheira a camoesas, e assada tem o mesmo sabor delas assadas; faz-se desta fruta marmelada muito boa, a qual por sua natureza envolta no açúcar cheira a almíscar, e tem o sabor de perada almiscarada."

PERADA DE CURUANHA

Cozinhem com casca um quilo e meio de curuanhas, passando-as depois por uma peneira. A seguir façam uma calda em ponto de fio (com um quilo de açúcar), misturem a massa à calda e deixem tomar o ponto. Se quiserem o doce em ponto de compoteira, deixem-no cozer um pouco menos, devendo tirá-lo do fogo um pouco mais mole.

Adaptado do *Livro de cozinha da infanta d. Maria*

Cambucá

São frutas amareladas, do tamanho de abricós, com um grande caroço e pouca massa comestível. Apesar do "pouco que comer", era tida como muito doce e "de honesto sabor". Seu nome científico é *Plinia edulis*.

Guti

Do tamanho e da cor das "peras pardas", o guti (*Licania tomentosa*), ou oiti, fruta "de honesta grandura" e com um grande caroço, segundo Gabriel Soares de Sousa, era descascado e comido em saborosas talhadas. "Lançadas essas talhadas em vinho não têm preço. Faz-se desta fruta marmelada muito gostosa, a qual tem grande virtude para estancar câmaras de sangue [disenterias]", comenta Gabriel. No século XVII, frei Cristóvão de Lisboa, na sua *História do Brasil*, entre as pouquíssimas frutas que descreve dá lugar ao hoje esquecido fruto do oiti, do qual também era apreciador: "É de tanto sabor e cheiro que não parece simples, senão composto de açúcar, ovos e almíscar."

Luís da Câmara Cascudo, em sua *História da alimentação no Brasil*, faz uma ótima observação a respeito da fruta e de seu emprego no século XVI, quando era consumida imersa em vinho: "Humilíssima fruta que apenas o povo pobre colhe e come, guti assume proporções surpreendentes ... creio que nunca mais os oitis provaram vinho."

Hoje, as altas e belas árvores dos oitis são muito empregadas na arborização de cidades.

Coco

No início do século XVI, não havia coqueirais nas praias do Nordeste, e a paisagem era, portanto, imensamente diferente da que conhecemos agora. O coco, tão nosso, é uma fruta estrangeira – uma das primeiras plantas a serem trazidas e disseminadas por aqui. E certamente uma das mais bem-sucedidas entre as muitas viagens de espécimes vegetais na "globalização" botânica promovida pelas navegações portuguesas. Como a cana-de-açúcar, o coco disseminou-se pelos trópicos, sendo sua origem controversa (talvez seja nativo do sudeste asiático). Transportado por caravelas e galeões portugueses, espalhou-se pela África, pelas ilhas atlânticas e pelo Brasil, e entranhou-se às novas terras como se fosse uma planta nativa.

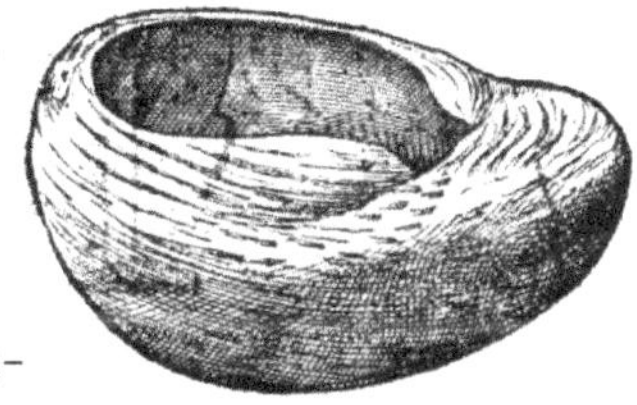

Gabriel Soares de Sousa conta que as mudas de coqueiro chegaram à Bahia vindas de Cabo Verde, e que aqui os cocos eram, segundo ele, melhores que na Índia e "maiores e melhores que em outras partes". Apesar disso e da abundância do fruto, ainda não havia penetrado na cozinha brasileira. Não há referências, nos cronistas do nosso primeiro século, ao uso do coco na doçaria ou ao leite de coco no preparo de pratos.

Ainda segundo Soares de Sousa, não se dava muito valor ao coco no Brasil e não havia "quem lhe soubesse aproveitar dos muitos usos que na Índia se faz". Já no século XVII, frei Vicente do Salvador dizia: "Cultivam-se palmeiras de cocos grandes, colhem-se muitos, principalmente à vista do mar, mas só os comem e lhes bebem a água que têm dentro, sem os mais proveitos que tiram na Índia." Não apenas na Índia mas em outras regiões do Oriente, de onde era nativo, o *Cocos nucifera* era empregado de muitas maneiras, e não só na culinária.

O médico português radicado em Goa Garcia da Orta dedica um capítulo de seu livro de botânica ao coco, enumerando seus usos: a madeira era empregada em velas e cordas de navios, as folhas para cobertura de casas, a seiva do tronco para aguardente e para açúcar escuro, a casca do fruto para cordas e para ser adornada por ourives, a polpa para vários tipos de óleos medicinais e para o leite de coco empregado nos pratos de *curry* e para cozer arroz, entre outros muitos usos.

A rainha d. Catarina, avó de d. Sebastião, era uma aficcionada, e pedia que lhe mandassem sempre da Índia. O coco precisaria de mais de um século para ser aproveitado em toda sua potencialidade, até surgir nas cocadas e nos pratos salgados com leite de coco. Câmara Cascudo registra que no final do século XVI na África Oriental, em Sofala, já se fazia arroz-doce com leite de coco. Mas no Brasil, a moda demoraria a chegar.

O corsário inglês Richard Hawkins, que esteve no Brasil e em países da América espanhola, nos conta que se acreditava que a água de coco tinha uma propriedade singular, a de conservar a maciez da pele, e que por isso, na Espanha e em Portugal, as damas lavavam costumeiramente o rosto e o pescoço com essa água.

Quando os portugueses conheceram o fruto, no Oriente, este chamava-se *tenga*, na língua dos malabares, e *narle,* no idioma dos canariis. Mas preferiram chamá-lo de *coco.* Pelo que relatam alguns escritores do século XVI, "coco" era o nome empregado para designar o que conhecemos como bicho-papão. Escreve o historiador português João de Barros: "Os nossos lhe chamaram coco, nome imposto pelas mulheres a qualquer coisa com que querem fazer medo às crianças, o qual nome assim lhe ficou, que ninguém lhe sabe outro."

limão

Frutas européias

"Morpião é um lugar dominado pelos portugueses, situado na direção do rio da Prata e do estreito de Magalhães, a 25 graus da Linha Equinocial. Sob o comando de um tenente-general, vivem aí numerosas pessoas de todas as categorias sociais, inclusive escravos. O rei de Portugal aufere enormes lucros dos rendimentos de sua exploração", conta o cosmógrafo francês André Thevet, nas suas *Singularidades da França Antártica*, publicadas em 1556. Morpião, a "rica e bela, esplêndida região" que "produz enorme quantidade de frutas" e "grande

figo

quantidade de laranjas, limões e cana-de-açúcar" era, na verdade, a capitania de São Vicente, "cuja agricultura prospera mais e mais a cada dia que passa".

Eram tão abundantes os marmelos na capitania de São Vicente, e tão grande a produção de marmelada, que se exportava para outras capitanias, conta o senhor de engenho português, radicado na Bahia, Gabriel Soares de Sousa: "Os marmelos são tantos que os fazem de conserva, e tanta marmelada que a levam a vender por as outras capitanias." Fernão Cardim é outro a assombrar-se com os abundantes marmelos de São Vicente: "No campo de Piratininga se dão muitos marmelos, e há homem que colhe doze mil marmelos, e aqui se fazem muitas marmeladas e cedo se escusaram as da ilha da Madeira." Mas, segundo André Thevet, a compota típica e mais saborosa de São Vicente era a de ananás. Se São Paulo exportava compota e doce de marmelo, Porto Seguro produzia conserva de melancia e uma "muito substancial" conserva de cidra.

As árvores de espinho e outras frutíferas trazidas da Europa logo se espalharam pelo território brasileiro, sendo plantadas extensivamente. O francês Jean de Léry nos conta a história dessa expansão: "Embora antigamente não existissem laranjeiras nem limoeiros nessa terra da América, como ouvi dizer, depois que os portugueses as plantaram perto da costa, essas plantas se multiplicaram de modo admirável e produzem laranjas, a que os selvagens chamam *morgonia,* do tamanho de dois punhos, e limões ainda maiores, em grande abundância."

Já outro francês, Nicolas Barré, piloto de Villegagnon, lastimava que os habitantes locais, os índios do Rio de Janeiro, fossem "extremamente negligentes no seu cultivo". O padre Fernão Cardim, ao falar sobre vilas colonizadas, observa: "Há grandes laranjais, cidrais, até se darem pelos matos, e é tanta a abundância destas cousas que delas se não faz caso ... como não falta açúcar se faz infinitas conservas, a saber, cidrada, limões, florada etc." Em Porto Seguro, Gabriel Soares de Sousa registra que a água-de-flor de laranjeira ali produzida era tão boa que era "exportada"

> *As laranjeiras se plantam em pevide, e faz-lhes a terra tal companhia que em três anos se fazem árvores mais altas que um homem, e neste terceiro ano dão fruto, o qual é o mais formoso e grande que há no mundo; e as laranjas doces têm suave sabor, e é o seu doce mui doce, e a camisa branca com que se vestem os gomos é também muito doce. As laranjeiras se fazem muito grandes e formosas, e tomam muita flor de que se faz água muito fina e de mais suave cheiro que a de Portugal; e como as laranjeiras doces são velhas, dão as laranjas com uma ponta de azedo muito galante.*
>
> GABRIEL SOARES DE SOUSA

para Salvador: "Se dão todas as frutas de espinho, onde a água-de-flor é finíssima, e se leva à Bahia, a vender por tal."

Eram belíssimos os quintais de Salvador em 1587, ano em que Soares de Sousa escreve: "E tornando desse mosteiro [de Santo Antônio] para a praça pela banda da terra vai a cidade mui bem arruada, com casas de moradores com seus quintais, os quais estão povoados de palmeiras carregadas de cocos e outras tâmaras, e de laranjeiras e outras árvores de espinho, figueiras, romeiras e parreiras, com o que fica muito fresca." Ao olhar-se a cidade ao longe, viam-se "palmeiras que aparecem por cima dos telhados" e "laranjeiras, que todo o ano estão carregadas de laranjas, cuja vista de longe é mui alegre, especialmente do mar". Havia aléias de laranjeiras na ilha de Jorge de Magalhães, toda lavrada de canaviais, "coisa muito para ver". As roças nas imediações de Salvador produziam hortaliças e frutas que eram vendidas na praça e abasteciam a cidade. Cumprira-se, enfim, o prognóstico de Pero Vaz de Caminha, em se plantando tudo dá...

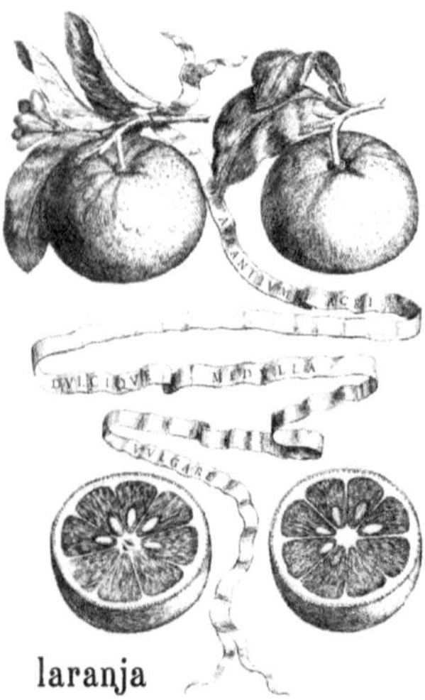

laranja

Havia várias castas de tamareiras, cidreiras, laranjeiras, limeiras, limoeiros, romeiras, parreiras, figueiras em profusão, além de melões ("bons e finos") e melancias. Tanto Gabriel Soares de Sousa quanto Fernão Cardim dedicam um capítulo ao assunto. Cardim, ao falar das árvores e ervas que vieram de Portugal e se dão no Brasil, declara: "Este Brasil é já outro Portugal." Soares de Sousa é um entusiasta da aclimatação das frutas européias. Segundo ele, todas as nascidas aqui fazem muita vantagem às de Portugal, "assim no grandor como no sabor".

Dos figos, havia os bêberas, os negrais, os berjaçotes e outros muitos, que davam duas colheitas por ano até no Rio de Janeiro. Das uvas, havia ferrais, boais, bastarda, verdelho, galego e muitas outras, das quais se faziam vinhos, mas ainda não se conseguia conservá-los, e alguns os ferviam antes de guardá-los para que não perecessem. Faziam-se tam-

COMPOTA DE MARMELO

Escolham alguns marmelos alongados, do tipo pêra, bem compridos e lisos, podendo, inclusive, ser marmelos silvestres. Descasquem-nos, partam-nos em quartos, dando-lhes a seguir uns cortes oitavados.

Tenham um tacho ao fogo com água fervente, e ponham ali os marmelos, para uma fervura muito rápida. Depois tirem os marmelos dessa água, e coloquem-nos em outra vasilha com água fria.

Em água fria ficarão dois dias, trocando-lhes a água três vezes ao dia, e cada dia dando-lhes uma ligeira fervura.

A última fervura deverá cozer os marmelos completamente, até que sejam atravessados com facilidade com um alfinete. Tirem os pedaços dessa última fervura, coloquem-nos numa vasilha funda e cubram-nos com água quente. Depois escorram muito bem essa água e coloquem sobre a fruta uma calda morna, em ponto de fio. Durante quinze dias levem só a calda ao fogo, para uma ligeira fervura, derramando-a sempre morna sobre os marmelos. No derradeiro dia levem tudo junto ao fogo, deixem ferver brandamente, tirem o tacho do fogo e deitem na compota um pouco de água-de-flor.

Do *Livro de cozinha da infanta d. Maria*

marmelo

bém bons prognósticos sobre a produção de vinho em São Vicente, constatando que os homens já colhiam três a quatro pipas de vinho cada ano. Eram tempos de otimismo.

A introdução e alta produção de laranjas ligava-se diretamente às necessidades básicas das muitas frotas que freqüentavam as rotas brasileiras. Após meses de navegação, chegavam ao Brasil em busca de água fresca e mantimentos, e as laranjas eram uma mercadoria especialmente valiosa para tripulações famintas, exaustas e grassadas pelo escorbuto. Entre os víveres cobiçados pelos navios e presenteados pelos habitantes da costa, fossem colonos ou índios, estavam as muito valorizadas dúzias de laranjas. Como conta Jean de Léry: estando no mar, na altura do cabo de São Vicente, "encontramos um navio irlandês, ao qual os nossos marinheiros, a pretexto de falta de víveres, tomaram seis ou sete pipas de vinho de Espanha, figos, laranjas e outras coisas que constituíam a sua carga". Olivier van Noord, de passagem pelo Brasil, logo identificou que não era bem recebido pelos portugueses pela parca quantidade de laranjas enviadas a seu navio: "No dia dez, depois de meio-dia, voltou na mesma canoa o dito português, que só trouxe umas cinqüenta ou sessenta laranjas, demonstração evidente das intenções do Governador para conosco." O inglês Richard Hawkins teve mais sorte: conseguiu em Santos trezentas laranjas e limões, que foram um alívio para sua tripulação enfraquecida pelo escorbuto.

Legumes e Cereais

✦ Mandioca

A mandioca (*Manhiot esculenta*) é uma espécie de personagem épica da alimentação brasileira. O ingrediente básico, onipresente, resistente, potente e versátil, de onde se extrai a matéria-prima para uma série de comidas e bebidas. Nativa do sudoeste da Amazônia, a mandioca foi domesticada por índios tupi há cerca de 5.000 anos, na vasta área do Alto rio Madeira, de onde se espalhou pelo Brasil adentro, atingindo o Paraguai, a Bolívia, o Peru e a Guiana. Ainda hoje gomas, polvilhos, beijus, tapiocas, tacacás, bebidas fermentadas, farinhas e medicamentos produzidos na região amazônica são um testemunho de sua brasileiríssima origem. A mandioca desde então ganhou o mundo e é atualmente uma das plantas alimentares mais importantes, sustentando cerca de 500 milhões de pessoas na África, Ásia e América Latina.

É no século XVI, com os Descobrimentos, que a mandioca – especialmente na forma de farinhas e de beiju – começa a se espalhar por outros continentes. Por sua durabilidade e capacidade nutricional, a farinha de mandioca, então conhecida como farinha-de-pau, passou a ser mantimento fundamental no abastecimento das frotas no Novo Mundo, e também

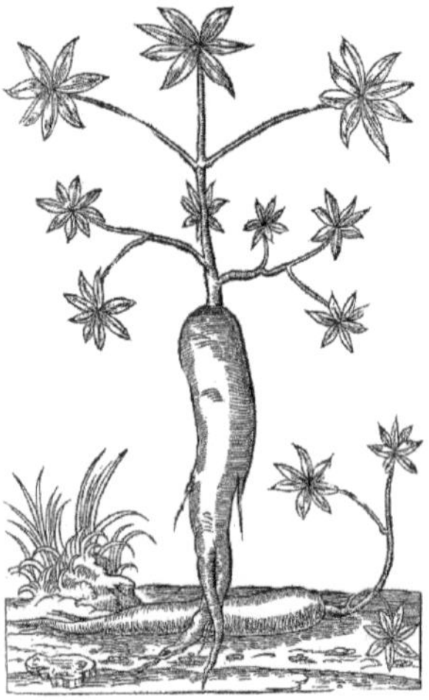

nas expedições que exploravam o continente por caminhos terrestres. Navegadores e viajantes identificaram o beiju – e o caçave da América espanhola – com o pão branco europeu, e assim o acepipe dos índios tornou-se "o pão da conquista". Colombo, em 1492, na ilha de Hispaniola, foi um dos primeiros a descrever a nova iguaria – "um pão, a que chamam caçave" –, e também a abastecer sua frota com farinha de mandioca e o "pão" local.

O cultivo da mandioca foi logo iniciado no litoral africano, a fim de garantir o abastecimento das naus nas rotas marítimas, e a raiz foi tão bem aceita no continente que em 1575 já era o principal alimento da feitoria de Angola – a mandioca, a partir daí, foi gradualmente absorvida pela cultura local até instalar-se definitivamente na alimentação africana. No comércio de escravos, a farinha de mandioca brasileira não apenas alimentava as tripulações durante as viagens, mas, fazendo as vezes de moeda, era trocada por escravos no litoral africano.

Não eram só os portugueses, espanhóis e africanos que se beneficiavam dos múltiplos usos da mandioca. Também franceses e ingleses carregavam seus navios de beijus e farinha de mandioca como principal alimento de subsistência. O inglês Richard Hawkins, que passou pelo Brasil em 1593, conta como sua frota se alimentou durante a viagem marítima para o estreito de Magalhães depois de ter se abastecido nas costas brasileiras: o petisco preferido dos homens era beiju frito na banha de porco e salpicado com canela.

Nossa poderosa planta também teve outros usos, menos materialistas. Os jesuítas, empenhados em seu projeto de converter os índios brasileiros, souberam ver nas origens míticas da mandioca um dos sinais de que a nova terra estava realmente destinada a ser católica. Manuel da Nóbrega e José de Anchieta acreditavam que a mandioca era uma planta africana introduzida no Brasil por são Tomé: "É tradição antiga que veio o bem-aventurado apóstolo são Tomé a esta Bahia e lhes deu a mandioca e a banana", registra Nóbrega. A concepção católica das origens da mandioca firmou-se de tal maneira que os eminentes naturalistas alemães Spix e Martius, em pleno século XIX, por não terem encontrado a mandioca em estado silvestre, chegaram a admitir sua origem africana, com base na lenda, divulgada por Nóbrega e Anchieta, do Zumé (mito indígena que os jesuítas associaram ao apóstolo são Tomé).

Há várias espécies de mandioca, e todas contêm veneno. Geralmente, chama-se de aipim ou macaxeira os tipos mansos (com pouca quantidade de ácido cianídrico), que se podem comer cozidos, e de mandioca aqueles com elevados teores do veneno, dos quais se produzem a maior parte das farinhas e das bebidas. Os índios desenvolveram uma eficaz técnica para transformar uma planta venenosa num alimento de fácil digestão, de longa durabilidade e fácil armazenamento: o ácido cianídrico é eliminado pela evaporação provocada pelos sucessivos cozimentos e secagens por que passam as raízes ao serem transformadas em farinhas. Como explicava Anchieta: "São venenosas e nocivas por natureza, a não ser que pela indústria humana se preparem para comer."

Colonos e viajantes registraram detalhadamente a distinção entre os dois tipos da raiz e assinalaram sua toxidade – o que era um caso de vida ou morte para os recém-chegados. No entanto, são raros os relatos de mortes causadas pelo veneno da mandioca. Um dos únicos casos foi registrado pelo inglês Anthony Knivet. Em 1591, numa expedição pelo sertão de São Vicente, seus companheiros acharam grande quantidade da raiz em uma aldeia abandonada: "Naquela noite nossos homens comeram tanta mandioca que, no momento em que deveríamos estar prontos para o ataque, eles estavam prostrados, vomitando tanto que não conseguiam sequer ficar de pé, e treze deles morreram."

O processo de extração do veneno é meticulosamente descrito por quase todos os cronistas. "É necessário deitá-las na água até apodrecerem; apodrecidas, desfazem-se em farinha, que se come, depois de torrada em vasos de barro bastante grandes. Isto substitui entre nós o trigo", explica Anchieta. Pero de Magalhães de Gândavo relata com extrema precisão o processo, descrevendo as etapas até hoje praticadas nas milhares de casas de farinha existentes no interior do Brasil: "E logo que as arrancam, põe-nas a curtir em água três ou quatro dias, e depois de curtidas, pisam-nas muito bem. Feito isto, metem aquela massa em algumas mangas compridas e estreitas que fazem de umas vergas delgadas, tecidas à maneira de cesto, e ali a espremem daquele sumo, de maneira que não fique dele nenhuma coisa por esgotar; por que é tão peçonhento e em tanto extremo venenoso, que se uma pessoa, ou qualquer outro animal, o beber, logo naquele instante morrerá. E depois de a terem curada dessa maneira, põem um alguidar sobre o fogo, em que a lançam, a qual uma índia fica mexendo até que o fogo acabe por secar sua umidade e fique enxuta e disposta para se poder comer, o que levará mais ou menos meia hora."

As roças de mandioca eram plantadas pelas mulheres, que eram também as responsáveis pela confecção das farinhas e bebidas. Foram elas as primeiras cozinheiras, como nos relata o padre Nóbrega: "Quando cheguei a esta capitania achei umas índias, parte forras e livres, parte escravas, solteiras e algumas casadas, as quais serviam a casa e traziam lenha e água e faziam mantimentos para os meninos." Na cozinha dos colonos portugueses e dos jesuítas, essas índias provavelmente cozinhavam pratos indígenas à base de mandioca.

Os índios produziam três tipos de farinha: a de guerra, a fresca e a puba (também conhecida como carimã), que até hoje estão presentes na mesa brasileira. Como explica o francês Jean de Léry: "Fazem farinha de duas espécies: uma muito cozida e dura, a que os selvagens chamam *uhi antan*, usadas nas expedições guerreiras por se conservar melhor; outra menos cozida e mais tenra, a que chamam *uhi pon*, muito mais agradável do que a primeira porque dá à boca a sensação do miolo de pão branco ainda quente. Ambas, depois de cozidas, mudam de sabor, tornando-se mais agradáveis e delicadas." Porém o que mais impressionou o francês foi a maneira como a comiam: "Os tupinambás, tanto os homens como as mulheres, acostumados desde a infância a comê-la seca em lugar do pão, tomam-na com os quatro dedos na vasilha de barro ou em qualquer outro recipiente e a atiram, mesmo de longe, com tal destreza na boca que não perdem um só farelo. E se nós, franceses, os quiséssemos imitar, não estando com eles acostumados, sujaríamos todo o rosto, bochechas e barbas. Por isso só a comíamos com colher." André Thevet também observa a técnica empregada por muitas de nossas bisavós: "É muito estranho o modo pelo qual os selvagens comem a farinha, pois jamais levam a mão à boca, e sim arremessam, com os dedos, punhados de farinha de uma distância de um pé ou mais, no que são extraordinariamente hábeis. Por isso, riem-se dos cristãos pelo fato de comerem de modo diferente."

> *Esta farinha, além do ótimo sabor que apresenta quando é nova, constitui também excelente alimento. E note-se que ela é encontrada no Peru, no Canadá, na Flórida, e em toda a terra firme situada entre o oceano e o mar de Magalhães, ou seja, na América, na Terra dos Canibais e até mesmo nas imediações do estreito de Magalhães, sendo seu uso bastante difundido, conquanto de um extremo ao outro medeie uma distância superior a duas mil léguas de terra.*
>
> ANDRÉ THEVET

A farinha de guerra, seca e dura, foi companheira inseparável daqueles que se aventuraram pelos sertões, a quem alimentou em períodos de fome. Em muitos relatos, lemos como colonos e viajantes passaram dias e dias comendo apenas farinha. Era também, como nos conta o inglês Anthony Knivet, a comida servida nas prisões do Rio de Janeiro: "Fui levado à presença do governador e ele, olhando-me muito zangado, mandou-me para a prisão onde durante quinze dias fui tratado como um cão: eu dormia no chão, e não tinha o que comer exceto farinha de mandioca e água."

Na alimentação cotidiana, essa dura farinha apresentava o seu lado mais brando e suave ao ser misturada com caldos quentes de peixe, ave ou carne, e temperada com pimenta, resultando num muito apreciado prato semelhante ao nosso bem conhecido pirão, mas que na época chamava-se mingau. O francês Jean de Léry era um admirador do mingau indígena: "Todavia essas farinhas prestam-se para papas a que os selvagens dão o nome de mingau e quando dissolvidas em caldo gordo tornam-se granuladas como o arroz e são de ótimo paladar." O senhor de engenho

Gabriel Soares de Sousa também era um apreciador: "Molhada no caldo da carne ou do peixe fica branda e tão saborosa como cuscuz."

Outro prato indígena a ser entusiasticamente adotado por colonos e viajantes, como já observamos, foi o beiju, feito a partir da farinha fresca, e tido por quem dele provou como uma iguaria. Sua identificação com o pão de trigo europeu talvez se tenha dado porque era comido da mesma forma que se comia o pão. A receita indígena logo foi assimilada, adaptada e adotada pelos colonos. Como explica Gabriel Soares de Sousa: "Estes beijus são mui saborosos, sadios e de boa digestão, que é o mantimento que se usa entre gente de primor, o que foi inventado pelas mulheres portuguesas, que o gentio não usava deles." Era comida de índio, mas ao ser reinventado pelas mulheres dos colonos tornou-se fino, iguaria de casas senhoriais, merenda de "gente de primor".

Havia, portanto, vários tipos de beiju. Os consumidos nas longas viagens marítimas, tipicamente indígenas, eram mais grossos, feitos com farinha seca, e podiam resistir até um ano, substituindo os igualmente duros biscoitos europeus usados para esse fim. Gândavo descreveu dois tipos de beiju fabricados pelos colonos: "Dessa mesma mandioca fazem outra maneira de mantimentos que se chamam beijus, os quais são de feição de obréias, porém mais grossos e alvos, e alguns deles estendidos à feição de filhós. Destes usam muito os moradores da terra (principalmente os da Bahia de Todos os Santos) porque são mais saborosos e de melhor digestão que a farinha." A comparação do beiju com as obréias e os filhós é bastante comum. As obréias são uma massa fina redonda, uma espécie de hóstia, e os filhós são biscoitos fritos, ainda comuns em Minas Gerais, feitos de farinha e ovos, geralmente passados em mistura de açúcar e canela ou molhados em calda aromatizada de mel. As novas receitas de beiju inventadas pelas portuguesas em terras brasileiras provavelmente incluíam açúcar e mel, transformando o "pão" indígena em deliciosa merenda. Havia também outras adaptações do preparado indígena: Francisco Soares faz referência a um pão feito de farinha de mandioca fresca misturada ao arroz.

Um dos únicos a não identificar o beiju com o pão europeu e a verificar que farinha de mandioca não se presta para a padaria foi, logicamente, um francês, Jean de Léry: "Embora essas farinhas, principalmente quando frescas, constituam um bom alimento, saboroso e facilmente digerível, não se prestam em absoluto ao fabrico do pão, como pude verificar. A massa incha como a do trigo levedado e, como esta, é branca e macia; ao assar, porém, a crosta superior queima e a parte interna se resseca, permanecendo farinhosa. Creio, pois, que quem afirmou que os índios dentre os graus 22 e 23 além da linha equinocial, e que certamente são os nossos tupinambás, viviam de pão feito de pau ralado observou mal e se equivocou." Já naquela época um bom francês não podia se confundir sobre a qualidade de um bom pão de trigo... e não levava beiju por pão. Mas Léry classificou o beiju como "um excelente manjar". Entretanto, "pau ralado" era mesmo o modo como se costumava designar a farinha de mandioca.

Alguns autores distinguem o beiju da tapioca, o que continua acontecendo em certas regiões do Brasil. A diferença está no ponto de cozimento: enquanto a tapioca é úmida e flexível, o beiju é mais seco, como um biscoito. Gabriel Soares de Sousa, escrevendo sobre as coisas da Bahia, é um dos que observam essa distinção. "Fazem mais des-

> *BRANDÔNIO: Os mantimentos, de que se sustentam os moradores do Brasil, brancos, índios e escravos de Guiné, são diversos, uns sumamente bons, e outros não tanto; dos quais os principais e melhores são três, e destes ocupa o primeiro lugar a mandioca, que é a raiz de um pau, que se planta de estaca, o qual, em tempo de um ano, está em perfeição de se poder comer; e, por este mantimento se fazer de raiz-de-pau, lhe chamam em Portugal farinha-de-pau.*
> *ALVIANO: Assim é: quando querem vituperar o Brasil, a principal coisa que lhe opõem de mal é dizerem que nele se come farinha-de-pau.*
> *BRANDÔNIO: Pois essa farinha é um excelente mantimento, e tal que se lhe pode atribuir meritamente o segundo lugar depois do trigo, com exceder a todos os demais mantimentos, de que se aproveita o mundo.*
>
> AMBRÓSIO FERNANDES BRANDÃO

sa mesma massa tapiocas, as quais são grossas como filhós de polme e moles, e fazem-se no mesmo alguidar como os beijus, mas não são de boa digestão, nem tão sadias; e querem-se comidas quentes; com leite têm muita graça; e com açúcar clarificado também", explica ele, indicando as adaptações pelas quais passou o acepipe nas cozinhas das casas portuguesas. Luís da Câmara Cascudo, em seu clássico *História da alimentação no Brasil*, ensina que a tapioca é feita com a goma (farinha fina obtida a partir do caldo da mandioca ralada) fresca, seca ao sol, e o beiju é feito com a goma seca, assada no forno. A goma utilizada para a confecção da tapioca e do beiju tinha ainda outras finalidades, como nos explica Gabriel Soares de Sousa: "Pode ser misturada às farinhas ou para engomar ou coisas semelhantes, por que é muito melhor do que a goma que se faz em Portugal."

As farinhas brasileiras logo se juntaram ao açúcar – ao qual os índios tinham aversão –, dando origem a novas preparações, com matéria-prima local e concepção européia. Gilberto Freyre supõe que a primeira sobremesa feita no Brasil foi a mistura da farinha de mandioca com o melado de engenho, apreciada por Duarte Coelho e seu cunhado Jerônimo de Albuquerque, que estabeleceram um engenho de açúcar em Pernambuco, em 1535. Um dos registros mais antigos da primeira doçaria brasileira é de Gândavo, quando se refere aos bolos de aipim, feitos com ovos e açúcar, talvez o primeiro bolo brasileiro, louvado por vários cronistas. Mas os bolos tipicamente brasileiros eram feitos também com a própria farinha de mandioca, a delicada e louvada carimã: "Desta carimã e pó dela bem peneirado fazem os portugueses muito bom pão, e bolos amassados com leite e gemas de ovos, e desta mesma massa fazem mil invenções de beilhós", conta Gabriel Soares de Sousa, indicando neste trecho que com a carimã as cozinheiras portuguesas faziam vários de seus doces natais, como as frutas envoltas em massa doce, e como os beilhós, que são bolinhos fritos e passados em calda de açúcar. Também o padre Francisco Soares explica que com a carimã faziam-se amendoados e outras "coisas doces". Há registros de um delicado mingau de carimã com açúcar. E o padre Fernão Cardim conta que com ela se faziam "muitas maneiras de bolos, coscorões (massas fritas), tartes, empenadilhas (pastéis doces), queijadinhas de açúcar etc., e misturada com farinha de milho, ou de arroz, se faz pão com fermento e levedo que parece trigo."

Mesmo tendo acesso à farinha de trigo de Portugal, as senhoras baianas, se essa farinha não estivesse muito fresca, preferiam a carimã, alvíssima, "com a qual fazem tudo com muito primo", explica Gabriel Soares de Sousa. Essa fina e delicada farinha é obtida de forma diferente das demais farinhas de mandioca: a raiz não é ralada, mas descascada (ou não), posta de molho na água, e deixada no sol durante quatro ou cinco dias, para que fermente e amoleça, então é prensada e novamente seca ao sol por mais quatro dias.

Se a mandioca brava se prestava a tantas preparações, também a mansa, conhecida como aipim ou macaxeira, encantou colonos e viajantes. Uma das primeiras menções ocorre numa carta do jesuíta Luís da Grã, escrita na Bahia, em 1553: "O aipim come-se cru, como muitas outras raízes de que usamos, e desta farinha se faz pão de muitas maneiras." Gândavo aponta seus usos alimentares: "Também há outra casta de mandioca que tem diferente propriedade desta, a que por outro nome chamam aipim, da qual em algumas capitanias se fazem uns bolos que no sabor excedem o pão fresco deste reino. O sumo dessa raiz não é peçonhento, como o que sai da outra, nem

BEILHÓS DE CARIMÃ

Cozinhem um pouco de carimã, bem peneirada, com leite, açúcar e uma pitada de sal, e ponham-na a esfriar.

Batam dois ovos separadamente, misturando-os então ao creme já frio.

Levem ao fogo uma frigideira com manteiga e, quando esta estiver bem quente, deitem-lhe a massa às colheradas.

Se os bocados se espalharem muito pela frigideira, enrolem-nos depois na farinha de carimã. Numa panela que já está no fogo, com calda bem grossa, vão-se deitando os bolinhos, que depois são postos a escorrer numa peneira.

Servem-se polvilhados com açúcar e canela.

Adaptado do *Livro de cozinha da infanta d. Maria*

faz mal ainda que se beba. Também se come esta raiz assada como batata ou inhame, porque de toda maneira se acha nela muito gosto."

A maioria dos que descreveu o sabor da raiz comparou-o ao gosto das tão estimadas castanhas européias. Como nos conta Jean de Léry: "Quanto à raiz do aipim, não só se presta para ser transformada em farinha, mas ainda para ser assada inteira na brasa ou no fogo; fica assim mais tenra e torna-se farinácea como a castanha assada no borralho e cujo gosto é muito semelhante. O mesmo não se pode fazer com a raiz da mandioca, que só serve para farinha, sendo venenosa quando preparada de outro modo." Gabriel Soares de Sousa é outro a louvar o sabor do aipim: "Estas raízes são alvíssimas; quando estão cruas sabem às castanhas cruas da Espanha; assadas são muito doces e têm o mesmo sabor das castanhas assadas, e, davantagem, as quais se comem também cozidas, e são muito saborosas; e de uma maneira e de outra são ventosas como as castanhas." Soares de Sousa também relata que as raízes de aipim eram mais macias quando comidas logo após a colheita; seis meses depois já estavam duras e então se prestavam "para beijus e para farinha fresca, que é mais doce que a da mandioca".

> *E porque tudo é mandioca, concluamos que o mantimento dela é o melhor que se sabe, tirado o do bom trigo, porque pão de trigo do mar, de milho, de centeio, de cevada, não presta a par da mandioca, arroz, inhame e cocos.*
>
> GABRIEL SOARES DE SOUSA

O emprego das folhas da mandioca, ainda hoje ingrediente básico da cozinha do norte do Brasil, é registrado por Ambrósio Fernandes Brandão, no seu *Diálogo das grandezas do Brasil*, como um alimento para momentos de escassez: "... as folhas de mandioca cozidas, a que chamam maniçobas, as quais são também excelentes para tempo de fome, e ainda a usam muitas pessoas por mantimento".

A mandioca era também o ingrediente de uma bebida indígena fermentada, preparada pelas índias, o conhecido cauim, que portugueses e viajantes chamavam genericamente de "vinho". Feita a partir da mandioca mastigada por índias, a bebida causou reações opostas nos europeus que dela provaram: enquanto alguns gostaram, outros a acharam repugnante. Havia também controvérsia sobre seu preparo: uns diziam que era mastigada por índias jovens ou virgens, outros, como o corsário inglês Richard Hawkins, relatam que eram as índias idosas as responsáveis pela mastigação.

Jean de Léry faz uma das melhores descrições da preparação: "Depois de as cortarem em rodelas finas, como fazemos com os rabanetes, as mulheres as fervem em grandes vasilhas de barro cheias de água, até que amoleçam; tiram-nas então do fogo e as deixam esfriar. Feito isso acocoram-se em torno das vasilhas e mastigam as rodelas jogando-as depois em outra vasilha, em vez de as engolir, para uma nova fervura, mexendo-as com um pau até que tudo esteja bem cozido. Feito isso, tiram do fogo a pasta e a põem a fermentar em vasos de barro de capacidade igual a uma meia pipa de vinho de Borgonha. Quando tudo fermenta e espuma, cobrem os vasos e fica a bebida pronta para o uso." Os franceses da França Antártica, enojados pela mastigação, resolveram tentar prepará-lo de uma nova maneira, como nos conta Léry: "No que nos diz respeito, ao chegarmos a esse país procuramos evitar a mastigação no preparo do cauim e fazê-lo de modo mais limpo. Por isso pilamos as raízes de aipim e mandioca com milho, mas, para dizer a verdade, a experiência não provou bem. Pouco a pouco nos habituamos a beber o cauim da outra espécie, embora não o fizéssemos comumente." Preparavam também uma bebida feita com cana-de-açúcar fermentada em água.

Para os índios a bebida estava associada a longos dias e noites de danças, cantos e festas. Como explica Gabriel Soares de Sousa: "O bebem, com grandes cantares, e cantam toda uma noite." Entre essas festas estavam as longas cauinagens que acompanhavam o ritual de canibalismo. "Quando querem divertir-se e principalmente quando matam com solenidade um prisioneiro de guerra para o comer, é seu costume (ao contrário do que fazemos com o vinho que desejamos fresco e límpido) beber o cauim amornado e a primeira coisa que fazem as mulheres é um pequeno fogo em torno dos potes de barro para aquecer a bebida. Com efeito, eu os vi não só beberem três dias e três noites consecutivas, mas ainda, depois de saciados e bêbados a mais não poder, vomitarem quanto tinham bebido e recomeçarem mais bem-dispostos do que antes", descreve Jean de Léry.

Como vários outros alimentos, a mandicoca também tinha emprego medicinal. Curtidas, pisadas e espremidas, eram usadas para curar "postemas" (abcessos): "feito da massa um emplastro, posto sobre a postema a molefica de maneira que a faz arrebentar por si, se a não querem furar." A farinha de carimã recomendava-se para "dor de cólicas e maleitas", e também para "meninos que têm lombrigas, aos quais se dá a beber desfeita na água, e mata-lhes as lombrigas todas" – remédio muito usado tanto por índios como por colonos. Também sobre as feridas aplicava-se uma regeneradora papa de carimã, e para diversos tipos de doenças usavam-se uns caldinhos de carimã, mingaus tipicamente indígenas, que eram incrementados com mel ou açúcar pelos colonos. A mandioca deixada dias de molho e depois curada ao fumo servia como antídoto para picadas de cobras, e o cauim indígena era conhecido por ser "medicinal para o fígado".

De raízes "brancas, tamanhas como cenouras", como as descreveu o historiador português Damião de Góis, "da feição de inhames", como a pintou Gabriel Soares de Sousa, a mandioca, aquele "excelente mantimento" a quem Ambrósio Fernandes Brandão, no *Diálogo das grandezas do Brasil*, dá o segundo lugar depois do trigo por "exceder a todos os demais mantimentos", tinha ainda uma virtude até então desconhecida dos europeus. Ao contrário dos cereais e dos tubérculos que conheciam, plantados por semeadura, a mandioca crescia por meio de uma técnica inteiramente nova: era plantada através de pedaços enfiados em covas, por mudas ou estacas. E, ao contrário dos vegetais de produção anual, tinha a espantosa característica de poder ficar estocada na terra e ser colhida anos depois.

A mandioca foi descrita com minúcia por todos os cronistas, reconhecida como o principal alimento da terra e o de mais "substância". "Rainha do Brasil", na definição de Câmara Cascudo, a versátil e resistente raiz estava, como o Brasil quinhentista, igualmente ligado a Deus e ao diabo. Se por um lado era o alimento cotidiano, por outro, podia matar. Como bem interroga André Thevet: "Presentes na mesma planta o veneno e o alimento... Deixo aos filósofos a explicação."

Jetica/Batata-doce

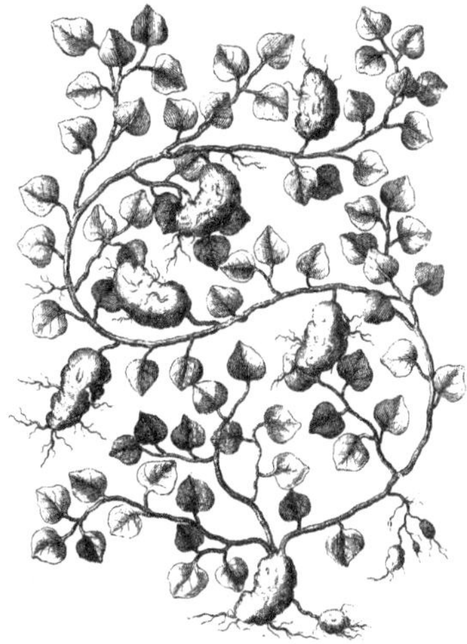

Os tubérculos e as raízes que se comiam no Brasil no século XVI eram as batatas-doces, os carás, os inhames, as mandiocas, os mangarás e os taiás. Alguns eram nativos, outros foram aqui introduzidos. A variedade de tubérculos e raízes encontrada pelos europeus nos trópicos causou grande confusão na nomenclatura. Os cronistas geralmente chamam a batata-doce de batata, que aliás é o vocábulo genérico usado para designar qualquer tipo de tubérculo. Quando falam em inhames, podem estar falando não de inhames, que são africanos, mas sim de carás, mangarás ou taiás. Mesmo a mandioca por vezes é nomeada de inhame.

Essa imprecisão e generalização nas descrições dos tubérculos e raízes deve-se ao fato de que os cronistas, por desconhecerem as espécies nativas brasileiras, associavam-nas a tubérculos conhecidos, como os inhames africanos, ou as designavam genericamente como "batatas".

Já na carta de Pero Vaz de Caminha, observamos esse fenômeno: "Não comem senão desse inhame, que aqui há muito." O inhame a que se refere Caminha é a mandioca, que foi confundida com os grandes

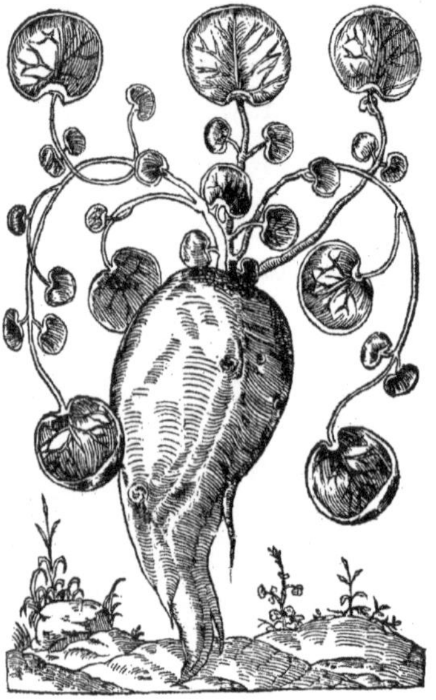

inhames da costa africana da Guiné, ou da ilha de São Tomé, já conhecidos pelos portugueses. Também na relação do Piloto Anônimo, outro cronista da frota cabralina, diz-se: "Alguns dos nossos [trouxeram de uma aldeia] uma raiz chamada inhame, que é o pão de que ali usam."

A palavra "batata" tem sua origem nos tainos do Caribe, que a usavam para designar a batata-doce, que os botânicos chamam de *Ipomea batatas*, uma representante da família das Convolvuláceas com mais de 1.500 espécies espalhadas pelo mundo. Não há dúvida de que a batata-doce chegou à Europa anteriormente à batata andina (*Solanum tuberosum*); ela foi inclusive uma das provas do descobrimento da América que Colombo levou para a rainha Isabel.

Planta de fácil propagação e de grande produção, a batata-doce dispersou-se rapidamente pelo mundo, inclusive por ação dos portugueses, e logo adaptou-se a outras regiões. A batata-doce era comum nas roças dos índios, e os narradores fazem freqüentes citações à jetica, seu nome tupi: "E levado pela fome meti-me pelo mato a ver se encontrava batatas ou matava alguma caça. No seguinte dia voltamos com uma boa provisão de raízes de batata", conta o inglês Anthony Knivet, ao narrar sua chegada ao Brasil. O francês Jean de Léry as descreve com entusiasmo: "Existem outras raízes bulbosas chamadas jetica, e crescem tão facilmente no Brasil como os nabos na Sabóia e no Limousin; e não é raro se encontrarem do tamanho de dois punhos juntos e com pé e meio mais ou menos de comprimento."

Os índios chamavam de jeticuçu (*Ipomoea hederacea*) à batata de purga ou mechoacão. Segundo Gabriel Soares de Sousa, desse tubérculo ralado se faziam "conservas de açúcar", que provocavam intensas descargas intestinais: "Tomada pela manhã uma colher desta conserva faz-se com ela mais obra, que com açúcar rosado de Alexandria." (O açúcar rosado de Alexandria era uma mezinha purgativa feita com rosas de Alexandria e açúcar.) A batata-doce purgativa brasileira foi aos poucos sendo reconhecida também no Reino, como testemunha o personagem Brandônio, do *Diálogo das grandezas do Brasil*: "Se acham nesta terra excelentes purgas de que o mais da gente usa como é a batata, já também muito estimada em Portugal."

Uma das melhores descrições da jetica está no livro de Jean de Léry: "Como são plantas que não dão sementes, as mulheres selvagens, no empenho de propagá-las, cortam-nas em pequenos pedaços como fazemos com a cenoura para fazer salada, e os semeiam, obtendo assim no fim de algum tempo (coisa maravilhosa na agricultura) tantas raízes quantos pedaços se plantarem. Constitui a jetica o melhor maná dessa terra do Brasil. Não se vê outra coisa por toda parte e creio, por isso mesmo, que na maior parte nasce sem intervenção do homem."

O francês André Thevet registra um interessante mito relativo à batata-doce: "Quando lhes falamos a respeito de Deus, como algumas vezes o fiz, eles nos escutam atentos e maravilhados, perguntando eventualmente se não seria este Deus o mesmo profeta que lhes ensinou a plantar os tubérculos que chamam de jetica. Aprenderam com seus pais que, antes do conhecimento desta e de outras raízes, alimentavam-se somente de ervas e de raízes, como os animais. Contam que uma vez apareceu entre eles um grande caraíba, ou seja, um profeta, que se dirigiu a uma jovem e lhe confiou uma raiz volumosa denominada jetica, semelhante ao nabo limusino, ensinando-lhe a cortá-la em fatias, plantando-as depois na terra. Assim fez a moça, e esse conhecimento tem sido desde então transmitido de pai para filho até os dias de hoje. E foi tamanho o sucesso desse cultivo, que os indígenas atualmente possuem grande abundância dessa raiz, quase não comendo outra coisa, pois tal alimento é para eles tão comum quanto o é para nós o pão."

Os índios já haviam desenvolvido as variedades básicas que ainda hoje encontramos nos mercados: a batata-doce amarela, a roxa e a branca. Como bem observou o senhor de engenho Gabriel Soares de Sousa, "há umas batatas grandes e brancas e compridas como as das Ilhas; há outras pequenas e redondas como túberas da terra, e mui saborosas; há outras batatas que são roxas ao longo da casca e brancas por dentro; há outras que são todas encarnadas e mui gostosas; há outras que são de cor azul anilada muito fina, as quais tingem as mãos; há outras verdoengas muito doces e saborosas; e há outra casta, de cor almecegada, mui saborosas; e outras todas amarelas, de cor muito tostada, as quais são todas úmidas e ventosas, de que se não faz muita conta entre gente de primor, senão entre lavradores". Os franceses também apreciavam as diferentes variedades, como conta Jean de Léry: "Fora da terra parecem à primeira vista todas da mesma espécie; existe porém grande diferença entre elas, pois, cozidas, arroxeiam umas, amarelecem outras como os marmelos e outras ainda se tornam esbranquiçadas; donde a meu ver existirem três espécies. Como quer que seja, posso assegurar que, assadas no borralho, não são menos saborosas do que as nossas melhores peras, principalmente as que amarelecem."

Os portugueses, naturalmente, passaram a fazer doce da batata-doce: faziam-se "bocados", "doces maravilhosos e batatas em panelas, como marmelada", enumera Ambrósio Fernandes Brandão, acrescentando que "também se comem assadas e cozidas".

✦ Inhame e cará

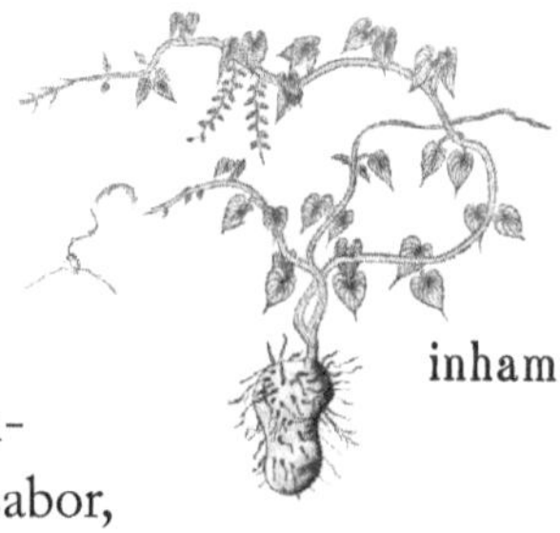
inhame

Como sentencia o bem-humorado Luís da Câmara Cascudo, em sua *História da alimentação no Brasil*, "nenhum brasileiro, em tempo algum, confundiu inhame com cará e sabe, pelo aspecto e sabor, diferenciá-los indiscutivelmente. São ambos Dioscoreáceas, como eu e Shakespeare pertencemos ao mesmo gênero humano." Até meados do século XX isto poderia ser verdade, mas hoje em dia é bastante discutível. A palavra "inhame" vem de *nyame*, da língua worlof, falada na costa do Senegal, significando o verbo comer. O vocábulo cará

cará

é de origem tupi: os indígenas da costa brasileira chamavam de cará os tubérculos *Dioscorea trifida*, que hoje em dia encontramos nas feiras livres e mercados por todo o Brasil, muitas vezes com o nome de inhame.

Ainda no início do século XVI, da África vieram espécies de inhames introduzidas aqui a partir das ilhas de São Tomé, Cabo Verde e da Costa da Guiné. Gabriel Soares de Souza, em 1587, anota a excelente adaptação ao bioma da mata atlântica baiana dos inhames africanos, cujo sabor não era apreciado pelos indígenas, que continuavam preferindo os carás nativos, como confirmaria séculos depois Câmara Cascudo. Conta Soares de Sousa: "Da ilha de Cabo Verde e da de São Tomé foram à Bahia inhames que se plantaram na terra logo, onde se deram de maneira que pasmam os negros de Guiné, que são os que usam mais dele; e colhem inhames que não pode um negro fazer mais que tomar um às costas; o gentio da terra não usa deles porque os seus, a que chamam carás, são mais saborosos, [de quem diremos em seu lugar]."

Também os portugueses eram apreciadores dos carás, de que faziam doces e também comiam em pratos salgados: "Estes carás se plantam em março e colhem-se em agosto, os quais se comem cozidos e assados, como os inhames, mas têm melhor sabor... Da massa destes carás fazem os portugueses muitos manjares com açúcar, e cozidos com carne têm muita graça", relata Soares de Sousa.

Taioba

Mesmo com todas as couves européias que tinham em suas hortas, os colonos aprenderam com os índios a comer taioba, e passaram a empregá-la em pratos que originalmente levavam espinafres. Fernão Cardim

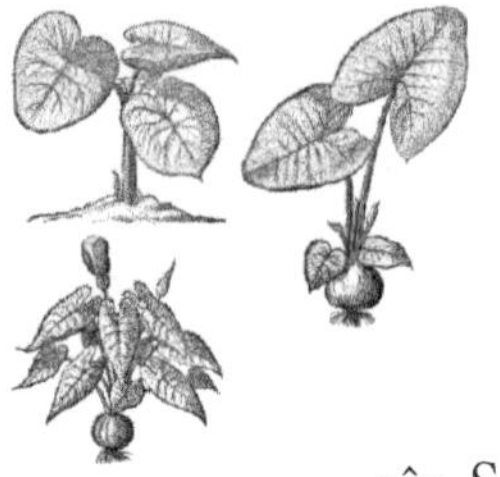

é um dos primeiros a descrever a hortaliça: "*tajaobas*, que são como couves, e fazem purgar". Já na década de 1550, Jean de Léry provou sopa de taioba na ilha de Villegagnon, no Rio de Janeiro, então um reduto francês. Segundo ele, tratava-se de "uma espécie de couve, que tem folhas largas, semelhantes às do nenúfar das nossas lagoas". Gabriel Soares de Sousa nos conta que para substituir as castanhas, inexistentes no Brasil, as cozinheiras lançavam mão dos tubérculos de taioba.

"Dão-se nesta terra outras raízes tamanhas como nozes e avelãs, que se chamam mangarás; e quando se colhem arrancam-nos debaixo da terra em touças como junças e tira-se de cada pé duzentos e trezentos juntos. As folhas destes mangarás nascem em muitas, como os espinafres, e são da mesma cor e feição, mas muito maiores, e assim moles como as dos espinafres, as quais se chamam taiobas, também servem cozidas com o peixe. As raízes destes mangarás se comem cozidas com água e sal, e dão a casca como tremoços, e molhados em azeite e vinagre são mui gostosos; com açúcar fazem as mulheres deles mil manjares", conta Gabriel Soares de Souza. Os mangarás são as raízes das brasileiríssimas taiobas; com eles se faziam doces, e suas cascas serviam como tira-gosto, aplicações já esquecidas em nossa culinária. As folhas das taiobas, comparadas às couves de Portugal, eram ainda mais saborosas quando comidas com azeite.

Gabriel Soares de Sousa é um dos poucos a fazer referência aos taiás que muito apreciava: "Dão-se nesta terra outras raízes, que se chamam taiás, que se plantam como os mangarás, e são de feição de maçarocas, as quais se comem cozidas na água, mas sempre ficam tesas. As folhas são grandes, de feição e cor das dos plátanos que se acham nos jardins da Espanha, aos quais chamam taiobuçu; comem-se estas folhas cozidas com peixe em lugar dos espinafres, e com favas verdes em lugar das alfaces, e têm mui avantajado sabor; os índios as comem cozidas na água e sal, e com muita soma de pimenta."

Taiobas, taiás e mangarás (*Xanthosoma sagittifolium*) pertencem à grande família das Aráceas, com mais de 3.500 espécies nos países tropicais.

✦ Hortaliças e cereais

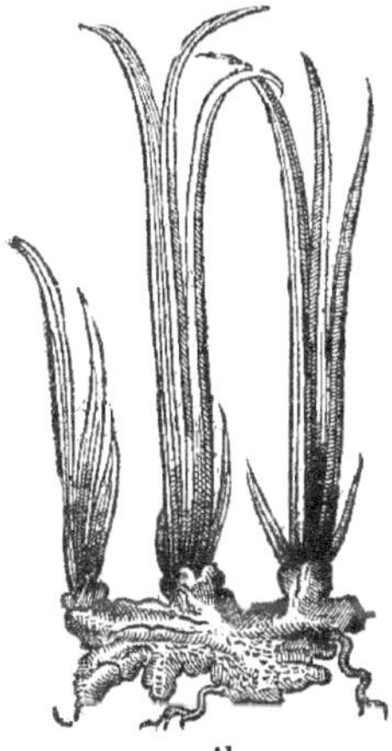
gengibre

Uma cozinheira portuguesa que chegasse ao Brasil na década de 1580, não poderia reclamar, pois encontraria por aqui muitos dos temperos seus conhecidos, além de várias hortaliças. Os colonos cultivavam as suas roças de legumes, e em Salvador já havia uma feira na praça, onde se vendiam produtos agrícolas vindos dos sítios ao redor.

Gabriel Soares de Sousa, senhor de engenho na Bahia, nos conta de uma infinidade de hortaliças: alfaces, berinjelas, cenouras, pepinos, nabos, rábanos, coentros, endros, funcho, salsa, hortelã, cebolinha, alho, tanchagem, poejos, agriões, manjericão, alfavaca, beldros, chicóreas, acelgas, espinafres, vários tipos de couve e mostarda. "Vai muita semente de Portugal, de que os moradores aproveitam", explica ele. Fernão Cardim completa a abundante lista com gergelim, ervilhas, almeirões, beldroegas e serralha. Como sintetiza o jesuíta Francisco Soares, o Brasil tinha "muitas couves e toda hortaliça, como rábãos, alface, cheiros, couves e de diversas cores, não como as nossas, mas com azeite são melhores que as de Portugal".

Mostarda e nabos eram a infeliz alimentação dos mais famintos extratos sociais europeus na época, e José de Anchieta, nos vários episódios de fome em suas viagens pelos sertões brasileiros, escreve amargas linhas sobre as "mínguas" que passava junto a seus companheiros, alimentando-se exclusivamente de "folhas de mostardas cozidas, legumes da terra e outros manjares que lá não podeis imaginar". O inglês Anthony Knivet, trabalhando em um engenho no Rio de Janeiro, plantava "couves e nabos" a mando do seu senhor, provavelmente para alimentar outros escravos como ele.

Também podia ser encontrada no Brasil uma especiaria asiática altamente valorizada: o gengibre (*Zingiber officinale*), originário da Ásia tropical e trazido pelas naus portuguesas nas rotas que ligavam o Oriente, as ilhas atlânticas, a África e o Brasil. Conta o padre Francisco Soares que

Nicolau de Villegagnon teria sido atraído pelo Brasil, na década de 1550, por causa do "muito pau e pimenta, gengibre e algodão". O gengibre foi trazido de São Tomé para a Bahia. Gabriel Soares de Sousa conta que, pouco tempo depois de introduzido no Brasil, "deu na terra de tal maneira que daí a quatro anos se colheram mais de quatro mil arrobas".

Foi tão grande a produção, fazendo concorrência com o que vinha da Índia, e podendo ameaçar o monopólio português das especiarias asiáticas, que a coroa proibiu que o semeassem, colhessem e vendessem, conta Soares de Sousa. No entanto, era impossível controlar a disseminação do gengibre, que se propagou com muita facilidade pelo território. Não se podia vendê-lo ou exportá-lo, mas não havia como proibir que fosse comido: costumava-se fazer ótimas conservas de gengibre. As restrições ao gengibre só foram revogadas em 1671, depois da restauração da Coroa portuguesa, na tentativa de tornar o Brasil um novo pólo produtor de especiarias. O cronista Antonio Galvão, estando nas Molucas e escrevendo à rainha d. Catarina, explica que o gengibre "nos dias de peixe nos dá sabor às mesas, e excita o apetite com saladas feitas dele em conserva". Pelo uso que dele faziam os portugueses tanto em Portugal quanto no Oriente, pode-se supor que o gengibre fosse cotidianamente empregado nas cozinhas brasileiras no século XVI, talvez temperando os peixes nativos em dias de abstenção de carne.

Peça de resistência da alimentação no Oriente, também o arroz (*Oryza sativa*), planta originária do Sudeste asiático, foi logo introduzido no Brasil, onde se desenvolveu extraordinariamente. O alemão Ulrico Schmidel, em 1554, conta ter enchido um de seus barcos, em Santa Catarina, com arroz e mandioca, o que mostra o quanto o cereal asiático já era comum no Brasil. Também os jesuítas registram ter encontrado "arroz muito bom e em muita quantidade". Havia mesmo um dízimo sobre o arroz, que os colonos pagavam ao rei, um rendimento anual que os jesuítas, em uma carta, dizem esperar receber da coroa.

Segundo Gabriel Soares de Sousa, as primeiras sementes tinham vindo de Cabo Verde, e o arroz, em 1587, se dava "na Bahia melhor que em outra nenhuma parte", ou seja, melhor do que em todo o Oriente. No entanto, como registra Ambrósio Fernandes Brandão, no *Diálogo das grandezas do Brasil*, os brasileiros ainda preferiam a mandioca ao arroz, por acharem a farinha "de mais substância". Os colonos tinham o arroz "por fruta", ou seja, comiam dele de vez em quando, e não cotidianamente como faziam com os derivados da mandioca. O hábito asiático de comer arroz todos os dias só iria se instalar por aqui mais tarde.

nhambi, ou inhabu, ou ainda jambig

Havia ainda uma folha nativa do Brasil, muito estimada, comida crua pelos índios e "mestiços", que "temperam as panelas dos seus manjares com ela". Era também empregada pelos colonos, "porque depois de cozidas têm um requeimo saboroso". Tratava-se de um tempero local, tipicamente indígena, e que os colonos tinham aprendido a usar, como um substituto ou um similar do coentro. Chamada pelos cronistas de nhambi, inhabu ou jambig, tinha também emprego medicinal, sendo indicado como ótimo remédio para os doentes de fígado e "de pedra". Nhambi é nome genérico para duas plantas, o agrião-do-pará e o coentro-de-caboclo, e ainda hoje empregado, especialmente em moquecas baianas e no tacacá e no pato ao tucupi, famosos na culinária amazônica. Como observou Luís da Câmara Cascudo em sua *História da alimentação no Brasil*, "quinhentos anos de uso são credenciais inigualáveis".

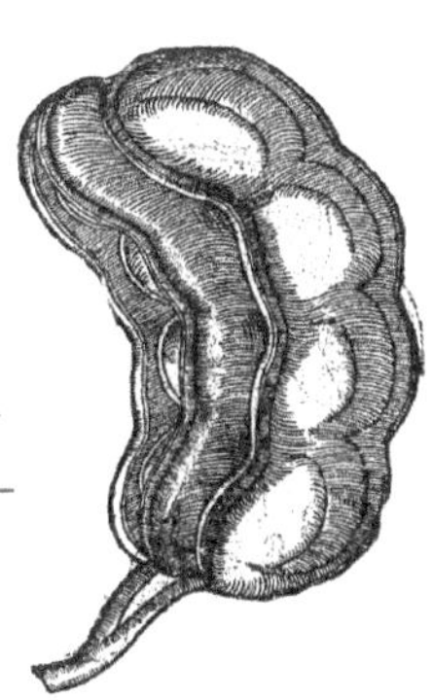

Favas e feijões

O personagem Brandônio, no *Diálogo das grandezas do Brasil*, é um entusiasta das favas brasileiras: "Quero dar o primeiro lugar dos legumes desta terra às favas, porque são por extremo boas, e na grandeza e gosto muito melhores que as de Portugal." Também Nicolas Barré, piloto de Villegagnon, tão pouco afeito às coisas brasileiras, deixou-se seduzir pelas "favas grandes e pequenas, ambas muito boas para comer". Gabriel Soares de Sousa, gourmet luso-baiano, comia-as "com as cerimônias que se usam em Portugal", ou seja, com tudo a que tinha direito, provavelmente com carnes, lingüiças e miúdos de porco ou de aves.

Vale a pena observar que, antes da importação das favas e feijões do continente americano, empregava-se na Europa um tipo de feijão menor, que foi logo substituído pelas apetitosas e substanciais espécies do Novo Mundo, como o feijão branco, que passou a ingrediente básico de pratos típicos europeus como o *cassoulet* francês, a *olla podrida* espanhola e o feijão com "as cerimônias" de que fala Gabriel Soares de Sousa. Receitas européias com a matéria-prima americana, que acabariam desembocando, séculos depois, na nossa típica feijoada. Os feijões do Novo Mundo, assim como o milho e a abóbora, provocaram uma importante transformação nos hábitos alimentares e agrícolas europeus.

As leguminosas, como as favas e os feijões, são das poucas plantas a fornecerem proteína, sendo portanto altamente nutritivas. Segundo testemunham vários cronistas, os índios cultivavam, além de mandioca e milho, também favas, que comiam cozidas em água e sal, conforme nos conta André Thevet. Todos afirmam que havia muitas favas e de diferentes castas, e esta abundância e variedade tornou-as um dos elementos principais da alimentação da época nas terras brasileiras.

Os franceses foram grandes conhecedores. Jean de Léry admira-se com as favas gigantes, de uma polegada de espessura, que os índios chamavam comandaçu. André Thevet descreve umas inteiramente brancas e bastante achatadas, "mais largas e compridas que as nossas", e também umas pequenas e brancas, parecidas, segundo ele, com as da Turquia e Itália. Em Cabo Frio, na capitania do Rio de Janeiro,

Thevet observou umas favas grossas e avermelhadas, com aparência quase artificial, abundantes nas planícies arenosas do litoral, "a qual denominam os espanhóis fava marinha". Não eram comestíveis, mas guardavam propriedades medicinais nada ortodoxas. Desprezadas pelos índios, eram cobiçadas pelos portugueses que, segundo conta Thevet, as importavam em quantidade para a Europa: "As damas e senhoritas espanholas costumam trazê-las ao pescoço, em engastes de ouro ou prata, dizendo-as portadoras de propriedades contra cólicas, dores de cabeça etc."

Gabriel Soares de Sousa descreve vários tipos de favas, que segundo ele, grande defensor das coisas brasileiras, "fazem vantagem no sabor às de Portugal": as que os índios chamavam "somenda", "alvas, delgadas e amassadas como figos passados"; outras pequeninas, metade brancas, metade pretas, que podiam ser comidas verdes ou secas, e eram mais fáceis de cozinhar que as portuguesas; e ainda outras, brancas e todas pintadas de pontinhos pretos. Soares de Sousa descreve também os feijões: "uns são brancos, outros pretos, outros vermelhos e outros pintados de branco e preto", que se comiam verdes ou secos. Cada pé dava "uma infinidade de feijões" na fértil Bahia em que morava o ufanista senhor de engenho.

Abóbora

No *Livro de cozinha da infanta d. Maria*, compilado no século XVI em Portugal, há uma receita bastante complexa de doce de abóbora, cujo preparo exigia mais de quinze dias entre fervuras e repousos em água fria e quente. Curiosamente, o doce não levava açúcar.

Mas, no restante da Europa, as conservas de abóbora com açúcar já eram conhecidas e prescritas pelos "físicos" (médicos). Nostradamus, em seu livro "científico" sobre as propriedades medicinais dos doces, o *Traité des fardements et confitures*, publicado em 1552, explicava: "Esse doce é bom para comer, embora diga respeito à medicina refrigerante. Come-se pela sua suavidade e para mitigar o calor exuberante do coração e do fígado."

No Brasil, o açúcar, produzido em abundância, veio a se juntar às abóboras nativas, muito estimadas pelos índios, compondo a então muito apreciada e medicinal "marmelada (geléia) de abóbora" que era mandada, segundo nos conta o padre José de Anchieta, para os jesuítas doentes de Lisboa. Além das geléias, as conservas de abóboras também eram muito comuns. Aparentemente, a abóbora era empregada pelos colonos em preparações com açúcar, de acordo com a tradição culinária e medicinal européia, mas ainda não tinha entrado nos pratos salgados ou se combinado às carnes, como viria a acontecer posteriormente.

As abóboras eram preparadas à maneira dos índios, que as coziam e assavam inteiras, e depois as cortavam como melões, tiravam as sementes e assim as comiam. Preparadas dessa forma, inteiras, conta-nos Gabriel Soares de Sousa, são mais saborosas do que cozidas em pedaços. Outra receita indígena apreciada era a abóbora defumada: "curam-se no fumo para durarem todo o ano", explica ele.

Conheciam-se muitas castas. As maiores eram usadas pelos índios para a confecção de cabaças e gamelas, e não como alimento. Ainda segundo Soares de Sousa, havia dez ou doze tipos de abó-

MARMELADA DE ABÓBORA

Para dois quilos de abóbora, usem dois quilos e meio de açúcar.

Cozinhem as abóboras inteiras, só na água, abafando-as bem. A seguir descasquem-nas e cortem-nas em pedaços, passando-as então por uma peneira fina.

Façam uma calda em ponto de espelho, adicionem-lhe um pouco de água-de-flor, deitem dentro as abóboras passadas pela peneira e misturem tudo muito bem, fora do fogo. Levem novamente o tacho ao fogo, e mexam a marmelada até que se desapegue do fundo.

Baseado na receita de "Marmelada de d. Joana", do *Livro de cozinha da infanta d. Maria* boras comestíveis. O francês Jean de Léry faz referência a certas abóboras denominadas pelos índios de morugans, muito "doces ao paladar". Provavelmente se referia às abóboras-morangas (*Curcubita maxima*).

Existem várias espécies de abóboras que pertencem ao gênero Curcubita, entre elas a abóbora "comum" (*Curcubita moschata*) e a abobrinha (*Curcubita pepo*). Originárias da América, eram alimento de subsistência da antiga civilização olmeca, e foram depois incorporadas por astecas, incas e maias, sendo utilizadas há pelo menos dez mil anos. No Brasil, as abóboras já eram parte da dieta indígena antes do descobrimento. Além das espécies nativas que aqui encontraram, os portugueses também se beneficiaram das abóboras que trouxeram, na primeira metade do século XVI, da Guiné, as então chamadas "abóboras de Quaresma", que se disseminaram pelo território.

Amendoim

O senhor de engenho Gabriel Soares de Sousa dedica um capítulo inteiro ao amendoim (*Arachis hypogaea*) em seu livro *Tratado descritivo do Brasil*, justificando: "dos mendoins temos que dar conta particular, porque é coisa que se não sabe haver senão no Brasil." De fato, o amendoim é uma planta originária da América do Sul, mas também era encontrada, no século XVI, nos territórios da América Espanhola, ou seja, no Peru, no Paraguai e na Bolívia. A cultura do amendoim se disseminou por vários continentes, adaptando-se mesmo ao sul da Europa. Na África, ele passou a ser parte fundamental na alimentação de diversos povos.

O nome tupi *mandowi*, ou *mandobi*, quer dizer "enterrado no chão". Isso porque, como explicava Soares de Sousa, "crescem debaixo da terra, e os amendoins nascem nas pontas das raízes". O francês Jean de Léry, que afirma ter comido muito amendoim no Rio de Janeiro, faz curiosas comparações: "Crescem dentro da terra como as trufas, ligando-se entre si por meio de filamentos delgados, a vagem tem caroço do tamanho de uma avelã, cujo sabor imita." Na verdade, não nascem nas raízes, mas nas extremidades de ginóforos, muito próximos às raízes.

O senhor de engenho português descreve os modos de se preparar a iguaria tipicamente brasileira. Eram comidos crus, quando apresentavam "sabor de grão-de-bico"; assados e cozidos com casca, "como as castanhas e assim são muito saborosos"; e ainda torrados fora da casca, "os melhores". O personagem Brandônio, nos *Diálogos das grandezas do Brasil*, faz sua apologia: "São maravilhosos na substância e no gosto." Mas Soares de Sousa adverte: por ser fruta "quente em demasia, causa dor de cabeça a quem come muitos".

Uma curiosidade. Ainda segundo o autor do *Tratado descritivo*, quem cuidava das roças de amendoim eram as índias e as "mestiças", que não deixavam que homem algum tocasse na plantação, temendo que, se tal acontecesse, as plantas não vingassem. As mesmas que semeavam os amendoins deviam colhê-los, quando faziam "grande festa". E, para que durassem mais, costumavam "curá-los no fumo", ou seja, defumá-los.

Enquanto as índias tinham tais cuidados na plantação, na colheita e na conservação, as portuguesas introduziram o amendoim do mundo da doçaria. "Desta fruta fazem as mulheres portuguesas todas as castas de doces que fazem das amêndoas e cortados os fazem cobertos de açúcar de mistura com os confeitos. E também os curam em peças delgadas e compridas de que fazem pinhoadas, quem os não conhece, por tal a come e lha dão", escreve Soares de Sousa.

Abati / Milho

Abati significa "cabelos brancos" em tupi, indicando os filamentos das espigas do milho. Para os cronistas portugueses, o milho americano apresentava características de outras espigas que já conheciam, como o milho-painço (milhete), um cereal antigo já cultivado pelos egípcios, o milho-zaburro (sorgo), o milho-miúdo (outro tipo de painço) e o milho de Bissau (um painço africano), plantas do norte da África cultivadas na península desde o tempo da ocupação árabe ou introduzidas pelos cruzados. O vocábulo "milho" já se encontra em antigas obras portuguesas como as crônicas de Fernão Lopes, do século XIV, mas refere-se às espécies já conhecidas e não ao milho da América, o *Zea mays*, espécie domesticada no centro-sul do México.

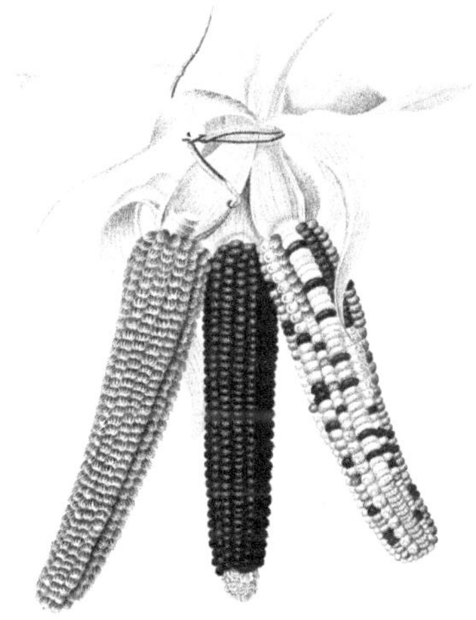

Cristóvão Colombo conheceu o milho americano em sua primeira viagem, durante a exploração das Bahamas. Bartolomeu de las Casas relata que o almirante avistou um extenso milharal que identificou como uma plantação de "panicum" (painço). Os espanhóis introduziram o milho americano na Europa desde os tempos da primeira viagem. Colombo levou o milho para a Espanha, onde provavelmente foi cultivado pela primeira vez em Sevilha. É sabido que os portugueses semearam milho trazido de Sevilha nos campos de Coimbra, com bastante sucesso. Em 1530, o milho já havia se espalhado por Portugal, França e Itália. Teve uma aceitação mais rápida que a batata na alimentação européia, mas serviu primeiramente como alimento para os animais domésticos, e somente a partir do século XVII passa a prover a subsistência dos pobres.

Presume-se que em 1550 o milho já estava no continente africano, inicialmente na Costa do Ouro, de onde se espalhou rapidamente, e em 1591 já era cultivado no Congo. Tanto portugueses quanto espanhóis levaram o milho ao Oriente, ainda no século XVI, atingindo a Índia e a China. Pelo final do século XVII já havia se dispersado por todos os continentes do planeta, inclusive em terras longínquas como o Himalaia e as distantes ilhas do Timor.

O milho era a mandioca dos povos da América espanhola. Se entre nós, como observa Grabriel Soares de Sousa, "tudo é mandioca", para astecas, maias e incas reinava o milho, principal fonte de subsistência. O vocábulo "*maize*", da língua taino, que passou a designar o milho americano em várias línguas, é um testemunho de sua força naquelas culturas.

A primeira menção ao milho no Brasil vem no *Relato do Piloto Anônimo* – um dos documentos sobre a viagem de Cabral em 1500 –, onde é citado várias vezes. Mas, ao escreverem sobre o milho, nossos cronistas são muito menos entusiastas que ao tratarem da mandioca. A nomenclatura para designar o milho nativo é ampla: emprega-se tanto o termo tupi abati quanto as designações milho-zaburro, milho-maçaroca, maís e milho-da-guiné.

Segundo Câmara Cascudo, os índios brasileiros apreciavam o milho como guloseima, assado na brasa, ou como uma bebida fermentada. É o que também diz Gabriel Soares de Sousa em 1587: "Este milho come o gentio assado por fruto, e fazem seus vinhos com ele cozido, com o qual se embebedam." Comer "por fruto", como explica Câmara Cascudo, é petiscar, beliscar. Mas há registros que indicam um aproveitamento mais amplo. O padre jesuíta Antônio Pires conta, numa carta escrita em Pernambuco em 1552, que foi presenteado pelos índios de uma tribo com milho suficiente para mantê-lo por um ano. O inglês Anthony Knivet, na década de 1590, embrenhado pelos sertões da capitania de São Vicente, encontra plantações de milho em aldeias abandonadas (a fome dos homens era tão grande que interromperam a viagem por dois meses esperando o milho amadurecer). São muitas também as referências à farinha de milho, produzida pelos índios e utilizada como a farinha de mandioca.

As plantações de milho eram extremamente produtivas: "Este milho se planta por entre as mandiocas e as canas novas de açúcar, e colhe-se a novidade por três meses, uma em agosto e outra em janeiro", diz Gabriel Soares de Souza. O potente alimento era empregado para sustetar as "gentes de serviço" e os animais. Ambrósio Fernandes Brandão, em seu apologético *Diálogo das grandezas do Brasil*, do início do século XVII, afirma que é o terceiro mantimento mais importante do Brasil (depois da mandioca e do arroz): "Este terceiro é o milho-maçaroca, que em nosso Portugal, chamam zaburro e nas Índias Ocidentais maís, e entre os índios naturais da terra, abati: é mantimento mui proveitoso para sustentação dos escravos de Guiné e índios, porque se come assado e cozido e também em bolos, os quais são muito gostosos, enquanto estão quentes, que se fazem dele, depois de feito em farinha; e para sustentação de cavalos é mantimento de grande importância, e para criação de aves."

As casas senhoriais e os colonos também utilizavam o milho cotidianamente em suas cozinhas. Gabriel Soares de Souza faz referência a uma espécie de milho "que é sempre mole", empregado na receita de um prato que ainda hoje é muito comum nas terras mineiras e paulistas, a canjiquinha: "Quebrado e pisado no pilão é bom para se cozer com caldo de carne, ou pescado, e de galinha, o qual é mais saboroso que o arroz." Deste mesmo milho faziam "os portugueses muito bom pão e bolos com ovos e açúcar". Havia também, segundo o testemunho de muitos, pão de milho, que, segundo Gândavo, era "muito alvo" e bom. Com os índios os colonos aprenderam a curar ao fumo uma espécie de milho, de modo que se conservava mais de um ano. Também aprenderam um remédio para curar "boubas" (sífilis): "Costuma este gentio dar suadouros com este milho cozido aos doentes de boubas, os quais tomam com o bafo dele, com o que se acham bem; dos quais suadouros se acham sãos alguns homens brancos e mestiços que se valem deles."

Segundo André Thevet, o principal emprego do milho entre os índios era o fabrico de bebida, o cauim de milho, fartamente bebido durante as festas. O preparo era muito semelhante ao do cauim de mandioca, com a fermentação iniciada pela mastigação das mulheres. Thevet, que descreve o milho como uma espécie de "sorgo cujos grãos são do tamanho de ervilhas", explica o preparo da bebida: "Depois de ferver o milho em enormes vasos de argila engenhosamente fabricados e que têm a capacidade de um moio, algumas donzelas mastigam os grãos cozidos, cuspindo-os em seguida em outra vasilha apenas para este fim. No caso de ser chamada alguma mulher casada para colaborar nesta tarefa, é necessário que ela se abstenha das relações com seu marido durante alguns dias; caso contrário, a bebida jamais alcançaria a necessária perfeição. Feito isto, fervem novamente o líquido até que ele esteja purgado, como se faz entre nós ao vinho do tonel. Só tomam a bebida alguns dias depois do seu preparo." Ao milho se juntavam também outras raízes e o resultado final era "um licor de colocação semelhante à do vinho clarete ... espesso como mosto de vinho". A bebida era igualmente apreciada por viajantes e colonos.

✦ Palmito

O italiano Antônio Pigafetta – piloto de Fernão de Magalhães na viagem de circunavegação – não gostou. O "pão branco e redondo" feito com a medula de uma certa árvore, e que, segundo ele, guardava alguma semelhança com "leite coalhado", não agradou, aliás, a ninguém da tripulação.

Pero Vaz de Caminha, em nossa primeira carta, não se refere ao gosto, dizendo apenas que comeram daqueles "mui bons" palmitos que colheram. Tripulações em apertos pelo litoral brasileiro, e também viajantes e missionários embrenhados pelos sertões, tinham no palmito um meio garantido de matar a fome, sem nunca registrar comentários entusiásticos pelo miolo da palmeira, geralmente comido cozido em água e sal – quando havia sal. Era uma comida talvez associada à fome e à ausência de outros mantimentos, mais saborosos. Mas, ao mesmo tempo, era um alimento muito prático. Como sintetiza Hans Staden: "Abatemos uma palmeira e comemos o palmito."

O aventureiro inglês Anthony Knivet, em longas andanças por caminhos antes não trilhados por europeus ou colonos, alimentava-se "de mel silvestre, palmitos e uma espécie de cobra". Também o padre José de Anchieta, percorrendo os sertões em busca das almas dos índios, alimentava-se dos palmitos do mato "que Nosso Senhor provia", quando faltava-lhe "já o mantimento", ou seja, na ausência de algo melhor para comer. O palmito parecia ser a última opção. Outro jesuíta, o irmão Pero Correia, em uma missão entre os índios do interior de São Vicente, em 1554, dizia que quando "a fome apertava conosco comíamos alguns palmitos cozidos em água e algumas frutas bem desengraçadas, de maneira que quando chegamos ao povoado levávamos as cores mui demudadas".

> *O palmito é uma espécie de tamareira, acredito que seja uma espécie dela, mas selvagem. Encontram-se em todas as partes da África e da América, e em alguns lugares da Europa, e em cada lugar é diferente. Na África e nas Índias Orientais são pequenos, de forma que se pode cortá-los com uma faca, e quanto menores, melhores são. Mas no Brasil são tão imensos, que dificilmente um homem pode cortá-lo com um machado, e quanto maiores, melhores são.*
>
> RICHARD HAWKINS

Mas não era só cozido na água e sal que as palmeiras eram ingeridas. Havia um modo ainda mais insípido, registrado pelo senhor de engenho Gabriel Soares de Sousa: sob a forma de uma farinha seca e resistente, empregada para viagens. "Essas palmeiras têm o tronco fofo, cheio de um miolo alvo e solto como o cuscuz, e mole; e quem anda pelo sertão tira esse miolo e coze-o em um alguidar ou tacho, sobre o fogo, onde se lhe gasta a umidade, e é mantimento muito sadio, substancial e proveitoso aos que andam pelo sertão, a quem chamam farinha-de-pau."

Português radicado na Bahia, e grande conhecedor dos quintais, lavouras e roças brasileiras, Gabriel Soares de Sousa, apesar de tachar o palmito de "mantimento do gentio", ou seja, comida de índio, era também um conhecedor das várias castas: apreciava os formosos palmitos do anajá-mirim, admirava-se com as pindobas, do "olho" das quais se tiravam "palmitos façanhosos de cinco a seis palmos de comprido, e tão grossos quanto a perna de um homem", e considerava "muito gostosos" os pequenos palmitos da patioba.

Cana-de-açúcar

Em contraste com a América espanhola e a fantástica descoberta e exploração de Potosí, a montanha de prata, e com as quantidades superlativas de ouro do Peru e do México, a América portuguesa – o Brasil – tinha apenas uma extensa e desconhecida terra povoada por índios canibais, abundante em pau-brasil. E foi essa escassez de riquezas em metais que indiretamente contribuiu para a implantação da cana-de-açúcar na colônia.

A madeira vermelha e os papagaios – as primeiras riquezas desta terra – foram explorados não só por portugueses, mas por franceses e ingleses, que negociavam diretamente com os índios. Entre as medidas tomadas por Martim Afonso de Sousa para consolidar a presença portuguesa em território brasileiro estava a que viria criar, a partir de um produto estrangeiro, nativo da Ásia, a maior fonte de riqueza do país: o plantio de cana-de-açúcar. A introdução do cultivo desta planta em larga escala no Brasil procurava reproduzir uma prática de sucesso da coroa portuguesa na Madeira, nos Açores e nas Canárias. Do encontro entre a planta asiática, a iniciativa portuguesa e as vastas extensões brasileiras, começou a nascer o Brasil dos engenhos, dos escravos, do açúcar, da opulência e dos doces muito doces.

O primeiro registro de açúcar no Brasil data de 1526, quando a alfândega de Lisboa assinala a entrada e a taxação da mercadoria. Também

CASQUINHAS

Tomem cidras verdes, partam-nas em quatro ou oito partes e tirem-lhe todo o miolo, que fiquem bem fininhas, colocando-as em seguida numa vasilha com água fria. A seguir dêem uma pequena fervura nas cidras, com um pouco de sal na água, voltando-as em seguida para água fria. Deixem as cascas de infusão durante três dias, trocando-lhes a água duas vezes ao dia.

No fim desse tempo levem as cidras a cozer, até que possam ser perfuradas facilmente com um alfinete. Façam uma calda e coloquem dentro as fatias de cidra, de maneira que estas fiquem bem cobertas.

Durante nove dias permanecem as fatias nessa calda, e cada dia levam uma fervura. No último, acrescentem algumas gotas de água-de-flor à calda, levando a compota mais uma vez ao fogo, para uma última fervura.

Do *Livro de cozinha da infanta d. Maria*

na primeira feitoria instalada no Brasil, em Pernambuco, dedicada à extração de pau-brasil, já havia cana-de-açúcar. Mas é mesmo a partir de Martim Afonso, em 1532, que se inicia a rápida expansão das plantações e dos engenhos, ao longo da costa e das capitanias – de tal modo que, em pouco tempo, em território brasileiro a moeda corrente era não a moeda portuguesa, mas o açúcar. Compravam-se mercadorias não com "reais de oito" mas com o "dinheiro" branco, doce e fino, moldado em caixas. Em um documento da época, vemos como um pregador espanhol chamado frei Francisco decide sair da capitania de Porto Seguro "por ali lhe pagarem seu trabalho em açúcar e em outra parte lhe pagarem em dinheiro". Observava o padre Manuel da Nóbrega, na Bahia: "A moeda que nesta capitania corre não é senão açúcar."

Caro e raro, o açúcar era até então um artigo de botica, medicinal. Como resume o frade francês André Thevet: "Maravilhosamente reconfortante e de soberanas propriedades medicinais, quase não sendo empregado para outras finalidades." A um preço alto, compravam-se nas antigas farmácias alféloas, conservas e outros doces prescritos para os mais variados males.

A experiência agrícola portuguesa nas ilhas atlânticas e no Brasil passou a proporcionar à Europa quantidades de açúcar nunca dantes vistas, penetrando nas cozinhas e passando de artigo de botica a apreciada especiaria. Como observa André Thevet: "Hoje em dia, porém, a voluptuosidade aumentou bastante, especialmente em nossa Europa, de modo que não se saberia preparar nem mesmo uma refeição trivial sem que todos os molhos não contenham açúcar, ou às vezes até mesmo as carnes." Os dentes negros da rainha Elisabeth I, cujos corsários freqüentavam as costas brasileiras, denunciavam uma dieta com altas doses de açúcar. No Atlântico, os navios carregados da especiaria, eram alvo de ataques de franceses e ingleses, já que a mercadoria alcançava um alto preço na

PASTÉIS DE TUTANO

Cozinhem uma dúzia de ovos, de modo que fiquem bem duros. Levem o tutano ao fogo, para uma ligeira fervura. Em seguida cortem tudo bem miudinho, as gemas, os tutanos, e misturem-nos com açúcar, canela em pó e sal a gosto. Façam a massa de farinha de trigo, com um pouco de manteiga, e abram-na bem fina. Depois de feitos os pastéis, fritem-nos na manteiga, envolvendo-os em seguida em açúcar. Polvilhem com açúcar e canela.

Do *Livro de cozinha da infanta d. Maria*

Europa, apesar de sua extrema e rápida difusão. O corsário inglês Richard Hawkins alimentou sua tripulação na rota para o estreito de Magalhães com beijus fritos na banha de porco e polvilhados com açúcar, acepipe que foi eleito o preferido pelos marinheiros ingleses. Os franceses da Ilha de Villegagnon, maravilhados com a abundância da cana-de-açúcar, lastimaram não ter "nem a gente nem coisas necessárias para dela extrair o açúcar". "Só a usávamos em infusão para fazer água açucarada ou lhe chupávamos simplesmente o caldo", conta Jean de Léry.

Em Portugal uma apreciada receita de frango com arroz levava grande quantidade de açúcar, a galinha mourisca era gulosamente polvilhada com açúcar e canela, e o mesmo se fazia aos pastéis de tutano e a outros pratos à base de carnes. O açúcar, como vemos, era usado como uma especiaria, um tempero, e não apenas na doçaria. E o mesmo deve ter acontecido aqui, nas cozinhas das famílias abastadas.

O Brasil passou a exportar não apenas açúcar, mas também conservas de frutas nativas, indicadas para os mais variados males, dando a sua contribuição tropical à medicina quinhentista. Eram enviadas para Portugal as famosas conservas de ananás, usadas para pedras nos rins, e as saborosas geléias de cará e de goiaba, especialmente eficazes no combate a disenterias e males semelhantes. Fabricava-se em Piratininga (a primitiva São Paulo) um medicinal açúcar rosado, feito das rosas de Alexandria que ali se plantavam, empregado para purgas, ou seja, como laxante.

As capitanias brasileiras produziram grandes quantidades do "ouro branco", e geraram uma riqueza considerável, que se refletia nos hábitos da aristocracia açucareira descrita por vários cronistas do século XVI. "Vivem como condes", resume o espantado padre Fernão Cardim, que nunca tinha visto tamanha prodigalidade como a que observara na mesa, roupas, louças e nos hábitos das casas dos senhores de engenho do Nordeste. Os presentes dados aos visitantes também eram pródigos: "quando nos houvéramos de partir, proveram-nos de açúcar e muita conserva e outras cousas de açúcar", conta um jesuíta em viagem pelo Nordeste.

A Coroa isentava por dez anos o pagamento de impostos para engenhos recém-instalados, o que sem dúvida incentivava o investimen-

ALFÉLOAS

Façam uma calda com um quilo de açúcar e adicionem-lhe algumas gotas de água-de-flor. Deixem o tacho no fogo, até que a calda atinja o ponto de bala. Para conhecer esse ponto tomem um bastãozinho e introduzam-no na água fria, depois na calda, e novamente na água fria. Se o açúcar se desgarrar do bastãozinho, mantendo sua forma cilíndrica e cristalizar-se, o ponto já estará bom. Se essa prova se tornar difícil, ponham um pouco de calda na água fria, façam com ela uma bolinha e provem-na com os dentes. Se não agarrar, o ponto está bom. Tenham uma pedra-mármore untada com óleo-de-flor ou de amêndoas, e derramem a calda rapidamente ali, para não açucarar, e, muito depressa, dêem-lhe umas três ou quatro voltas com uma espátula ou colher de pau. Em seguida, com as duas mãos, estiquem o açúcar o mais possível sobre o mármore, fazendo com ele o movimento de abrir e fechar os braços, bem depressa. Depois de bem esticado, corram a mão pelo açúcar, numa só direção, e torçam-no um pouco dando-lhe forma de espiral. É indispensável fazer tudo isso fora de corrente de ar, para que o açúcar não se cristalize antes de a operação terminada. Finalmente, estendam um pano úmido sobre uma mesa e deitem sobre ele a trança de açúcar. Assim que endurecer, cortem-na em pedacinhos.

Do *Livro de cozinha da infanta d. Maria*

to nas plantações e nos engenhos. No *Diálogo das grandezas do Brasil*, o personagem Brandônio define a importância econômica do açúcar: "Digo que as riquezas do Brasil consistem em seis cousas, com as quais seus povoadores se fazem ricos, que são estas: a primeira a lavoura do açúcar, a segunda a mercancia, a terceira o pau a que chamam do Brasil, a quarta os algodões e madeiras, a quinta a lavoura de mantimentos, a sexta e última a criação de gados. De todas essas cousas o principal nervo e substância da riqueza da terra é a lavoura dos açúcares."

O açúcar introduziu-se nos hábitos brasileiros na sua fusão com os produtos locais, como as frutas, as abóboras, a batata-doce, a raiz de taioba, o amendoim, a castanha de caju, o cará e a mandioca, entre outros. Desta união nascem os primeiros frutos de uma cozinha brasileira, como bem observou Gilberto Freyre. Daí surgiram, além das já mencionadas conservas de frutas nativas, as castanhas de caju confeitadas, as pinhoadas e o marzipã de amendoim, os bolos de mandioca, os beijus doces, os confeitos de carimã e de cará, os cajus cozidos polvilhados com açúcar e canela, e até a alcorça (uma massa de açúcar com que se cobriam doces) à base de leite de cajueiro. Todos os doces que em Portugal se faziam com amên-

VINHO DE AÇÚCAR QUE SE BEBE NO BRASIL, QUE É MUITO SÃO E PARA O FÍGADO É MARAVILHOSO

Tomem um vaso grande e lancem-lhe seis canadas de água da fonte, e um par delas quente, que fique água morna, e lancem-lhe cinco arráteis de açúcar muito extremado e mexam-no com uma colher e, depois que ficar bem desfeito, cubram-no muito bem e ponham-no em parte que esteja quente, em um vaso, e fervam dois ou três dias, e depois que esteja um dia se bebe, e é muito bom; e como passa de cinco ou seis dias, não se bebe, porque se faz forte e embebeda; e quando a vasilha é nova, faz-se em doze dias, e quando está avinhada, faz-se em cinco ou seis.

Esta vasilha não se lava nunca, porque o pé que fica dá o fermento para o outro.

Do *Livro de cozinha da infanta d. Maria*

doas, aqui foram feitos com amendoim, castanha de caju e com algumas raízes como as de taioba, chamadas mangará. E os bolos, na falta de farinha de trigo, eram feitos com farinhas finas de mandioca, como a carimã. Essa farinha finíssima e saborosa era a preferida das mulheres portuguesas, que a usavam não só para os bolos como para fazer deliciosos beilhós (ou filhós), além de frutas doces envoltas em massa de carimã e também substanciais mingaus polvilhados com açúcar, eficazes no combate a lombrigas, cólicas e maleitas. Dizia Gabriel Soares de Sousa que, na Bahia, mesmo tendo farinha do reino (de trigo), as portuguesas preferiam a brasileiríssima carimã.

A doçaria brasileira no século XVI já era, como vemos, ampla e diversificada. Em Santos, segundo o testemunho do pirata inglês Anthony Knivet, faziam-se até frutas cristalizadas, de que se fartou a tripulação de Thomas Cavendish quando tomou de assalto a cidade em 1592. Eram provavelmente as famosas casquinhas, conservas feitas com as cascas dos frutos cítricos tradicionalmente produzidas na Ilha da Madeira, famosa por sua doçaria, e extremamente úteis nas longas viagens marítimas como forma de combater o escorbuto, doença causada pela carência de vitamina C. Outro testemunho sobre esses finos doces, semelhantes aos da Madeira, feitos no Brasil, é do padre Fernão Cardim, que nos conta que comeu na casa de um rico homem de Salvador, "várias coisas doces tão bem-feitas que pareciam da Ilha da Madeira".

Pimentas

As pimentas do Novo Mundo suplantaram o milenar e exclusivo reinado da pimenta-negra indiana, a que chamamos pimenta-do-reino. As nossas pimentas (da mesma família da batata, do tomate, da berinjela, do jiló e do fumo) são as únicas que "queimam". As outras, como a pimenta-negra – um dos impulsores das grandes navegações –, têm sabores muito mais discretos e são apenas ardidas, possuem somente as moléculas da família das Piperidinas, enquanto as nossas têm as potentes moléculas da Capsaicina. Hoje as pimentas sul-americanas dominam o comércio das especiarias picantes no mundo: cerca de um quarto da população mundial consome um grande número de Capsicum fresca ou processada.

A origem do gênero Capsicum é a região compreendida entre o sudeste brasileiro, nas montanhas da mata atlântica, e a parte baixa da Bolívia; registros arqueológicos mais antigos de Capsicum remontam a 9 mil anos.

Os índios brasileiros, como os demais povos da América do Sul e Central, tinham nas pimentas ingrediente fundamental de suas comidas. Quando os europeus chegaram nesta parte do mundo, os naturais da terra já consumiam uma grande variedade de pimentas. Os índios usavam muito pouco sal, não gostavam do sabor; sua comida não era salgada, mas era apimentada.

O uso abundante e cotidiano da pimenta na cultura indígena brasileira é relatado por quase todos os que escreveram sobre o Brasil no século XVI. Como nota Anchieta: "Comem-se estas folhas [taiobas] cozidas com peixe em lugar dos espinafres, ... os índios as comem cozidas na água e sal, e com muita soma de pimenta." E também Hans Staden: "Quando os índios cozinham peixe ou carne, põem dentro habitualmente pimenta verde. Logo que está um tanto cozida, retiram-na do caldo e fazem dela uma papa fina que se chama mingau." Gabriel Soares de Sousa relata que também comiam as pimentas inteiras, misturadas com farinha.

Havia ainda outras maneiras de comer pimenta. Os índios a empregavam na confecção de uma peça sólida, semelhante à jiquitaia amazônica, que era feita a partir de sal e pimenta. André Thevet observa: "Para a obtenção do sal, fervem a água do mar até que seu volume se reduza à metade, empregando depois um determinado processo para separá-lo. Utilizam-no ainda misturado a uma certa pimenta moída para fazer uma espécie de pão do tamanho de uma cabeça de homem, que muitos gostam de comer com carne ou com peixe, sobretudo as mulheres. Além disto, às vezes misturam a pimenta à farinha, antes de esta ser pulverizada, ou seja, logo que acabou de cozinhar." Gabriel Soares de Sousa também faz referência à pimenta pilada com sal misturada à farinha que os índios empregavam "quando não têm o que comer com ela".

Foram observadas várias espécies. Hans Staden nos conta: "Há duas qualidades de pimenta naquela terra. Uma é amarela, outra vermelha. Ambas as qualidades crescem porém da mesma maneira. Quando a pimenta está verde, tem o tamanho do fruto da roseira brava, que cresce no espinheiro. O pimenteiro é um pequeno arbusto de mais ou menos uma braça de alto, tem pequenas folhas e fica cheio de pimenta. A pimenta tem um gosto ardido. Os selvagens a colhem quando está madura e secam-na ao sol. Há outra espécie de pimentinhas, que se parece bastante com esta, e secam do mesmo modo."

> *À sombra destes legumes [amendoins], e na sua vizinhança, podemos ajuntar quantas castas de pimenta há na Bahia, segundo nossa notícias; e digamos logo da que chamam cuiém, que são tamanhas como cerejas, as quais se comem em verdes, e, depois de maduras, cozidas inteiras com o pescado e com os legumes, e de uma maneira e de outra queimam muito, e o gentio come-a inteira, misturada com a farinha. Costumam os portugueses, imitando o costume dos índios, secarem esta pimenta, e depois de estar bem seca, a pisam de mistura com o sal, ao que chamam juquiraí na qual molham o peixe e a carne, e entre os brancos se traz no saleiro, e não descontenta a ninguém.*
>
> GABRIEL SOARES DE SOUSA

Quando os portugueses chegaram, os índios haviam desenvolvido muitas variedades, e não somente duas. "Maravilhosas drogas, como são pimentas de muitas sortes e castas, grandes e pequenas, e ainda outras que são doces no sabor", como diz Ambrósio Fernandes Brandão, no *Diálogo das grandezas do Brasil*, obra com o mais extenso trecho sobre a pimenta, e que ressalta seu valor medicinal. O nome genérico em tupi para pimenta era cuiém e a descrição mais completa das variedades vem de Gabriel Soares de Sousa, que fala de umas grandes como cerejas, que se comiam tanto verdes quanto maduras, e eram cozidas inteiras com peixe ou com legumes: "de uma maneira e de outra queimam muito". Essa mesma cuiém era seca e pilada juntamente com sal, de modo semelhante ao que faziam os índios para obterem o que chamavam juquiraí, mistura de que os portugueses e colonos enchiam seus saleiros. Soares de Souza registra ainda a cuiemuçu, que se usava da mesma maneira da anterior e durava "muitos anos sem se secar". Havia também a cuiepiá, "a qual tem bico, feição e tamanho dos gravanços", que se comia verde e crua, e quando madura torna-se vermelha e "queima muito"; a cuiejurimu, com o aspecto de uma abóbora, que antes de amadurecer é azulada, e depois, vermelha. E ainda a cumari, que "é bravia e nasce pelos matos", a menor de todas, e "queima mais que todas as que dissemos e é mais gostosa que todas". "Quando se acha destas não se come outra", explica Gabriel Soares de Sousa, demonstrando que a preferência indígena pelas pimentas fortes logo caiu no gosto dos colonos. Além dessas variedades picantes, Ambrósio Fernandes Brandão registra umas pimentinhas muito apreciadas, "doces no sabor".

As pimentas tinham vários usos além do culinário. Eram um conhecido remédio para verminoses, como nos conta o aventureiro inglês Anthony Knivet: "A maioria de nossos índios morreu de um tipo de doença comum em todos os países quentes: sofrem de suores e a sensação de corpo cansado, com vermes no ânus que lhes consomem o estômago, fazendo com que definhem sem que saibam o que está lhes causando mal. Contra esta moléstia os índios comem rodelas de limão e pimenta verde, e a colocam no ânus, mas o uso de água salgada também é bom."

Os índios que não queriam escutar as pregações católicas usavam uma variante do hoje conhecido *spray* de pimenta para espantar os jesuítas, ao que parece sem muito resultado: "Nalgumas casas das aldeias, para que não fôssemos lá, faziam fogo, e queimavam sal e pimenta, para que, com a força e fedor, não passássemos; e nós contudo visitávamos as casas com a Cruz levantada ... em muitas aldeias não nos queriam ver e fugiam de nós escondendo-se com seus filhos, pensando que logo haviam de morrer, com o grande medo que tinham de nós; e noutras partes queimavam pimenta que dá um cheiro muito forte e fumo que parece

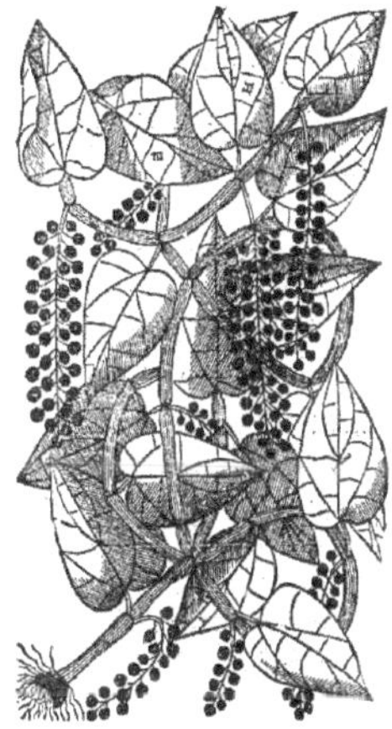

que afoga", contam os meninos do colégio jesuíta da Bahia numa carta escrita em 1552.

Os tupinambás costumavam queimar pimentas também para desentocar inimigos de suas aldeias: esperavam o vento correto, faziam uma grande fogueira e lançavam dentro muitos pés de pimenta, o que forçava o inimigo a sair de suas casas ou fortificações.

Anchieta relata que os franceses vinham regularmente comercializar a pimenta nativa, e os *truchments* (franceses que aderiram aos hábitos dos nativos e que serviam de intérpretes ou negociadores) plantaram suas próprias roças de pimentas: "Sendo o Villegaignon em França e com esta nova não tornou mais ao Brasil, nem fizeram os franceses mais povoação nele, senão alguns que se ficaram entre os índios, tomando seus costumes e amancebados com as índias, e faziam roçarias de pimenta e ajuntavam outras mercadorias da terra para dar aos seus quando viessem. Estes depois se tomaram todos pouco e pouco nas guerras de Estácio de Sá."

Para o padre Francisco Soares, o verdadeiro motivo de instalação dos franceses em terras brasílicas tinha sido a riqueza de sua flora: "Por causa do muito pau, e pimenta e algodão, veio mr. de Villegaignon, grão-capitão, por mandado, segundo dizem, do rei; secretamente, fez uma grã fortaleza no Rio de Janeiro, esteve ali quatro ou cinco anos, e cada ano mandava vinte e duas, vinte e quatro naus carregadas."

Alguns cronistas acreditavam que o Brasil poderia se tornar um importante fornecedor de pimenta-negra indiana, além de comercializar a própria pimenta nativa. No entanto, o plantio de especiarias orientais no Brasil, assim como sua comercialização, tinha sido proibido pela Coroa. Bem o diz Antônio Fernandes Brandão, no *Diálogo das grandezas do Brasil*: "Sua Majestade devia de mandar uma caravela à Índia, para que somente lhe trouxesse de lá muita semente de pimenta em pipas ou em outra parte, onde mais acomodada viesse, e que a tal caravela passasse pelo Brasil, onde a fosse entregando nas capitanias de Sua Majestade aos capitães-mores que a repartissem pelos moradores, obrigando-os a que a plantassem e beneficiassem, e desta maneira se colheria do Brasil mais pimenta do que se colhe na costa do Malabar." Mas "Sua Majestade" não queria concorrência para os interesses da Coroa na Índia. Somente em 1683 é que foram introduzidas quatro mudas na Bahia, e já em 1690, o provedor da fazenda informa o sucesso da plantação: 4 mil pés de pimenta-negra estavam produzindo.

Os portugueses difundiram rapidamente as pimentas brasileiras pelo mundo através de suas rotas marítimas e suas colônias ultramarinas. Primeiro na África. Não se sabe ao certo quando e por qual porto as pimentas Capsicum foram introduzidas nas colônias africanas, mas aceita-se que já lá estavam na primeira década de 1500.

Quando as picantes pimentas vermelhas sul-americanas foram introduzidas nas colônias africanas, suplantaram as nativas, e se tornaram um elemento fundamental na culinária do continente. Depois foram levadas para a Índia, para a China e espalharam-se por todo o sudeste asiático, onde se fundiram intimamente com a culinária local. As picantes pimentas vermelhas sul-americanas se adaptaram tão bem nos países de introdução e se tornaram tão importantes para a culinária local que durante séculos acreditou-se serem nativas. Os iorubás nigerianos praticantes do candomblé, que oferecem pimenta Capsicum aos seus orixás, teriam muita dificuldade em acreditar que estão cultuando suas divindades com plantas não-africanas.

Quando as cozinhas de especiarias conheceram as pimentas sul-americanas, delas se apropriaram rapidamente, adicionando um novo reforço, o gosto picante, às suas receitas. Não foram os africanos que apimentaram a cozinha brasileira (ou a mexicana ou a caribenha), e sim o contrário, diferentemente do que deixa supor Gilberto Freyre, para quem a culinária da pimenta foi um elemento desenvolvido pelo africano. Os povos nativos das Américas sempre comeram com muita pimenta, desde o atual México até a parte sul do Brasil. Podemos pensar mais numa convergência de paladares do que numa influência alienígena no desenvolvimento de uma cozinha apimentada brasileira.

É curioso observar que os primeiros botânicos, tendo conhecido as pimentas sul-americanas nos países asiáticos, onde eram usadas abundantemente, pensaram que fossem originárias da Ásia e deduziram que tinham sido introduzidas na América após o Descobrimento. A ilustração mais antiga de uma pimenta Capsicum foi publicada em 1542, na obra *De historia stirpium*, de Leonhartus Fuchsius, médico e professor alemão e um dos patriarcas da botânica, que descreveu algumas variedades de pimentas sul-americanas, afirmando serem asiáticas, erro perpetuado por vários séculos. Em 1776, Nikolaus von Jacquin, um médico flamengo, deu o nome de "*chinense*" para uma das espécies de Capsicum encontradas no Caribe, por achar que eram nativas da China. Somente em 1882, o botânico francês De Candolle, em *Origine des plantes cultivées*, fez justiça à origem sul-americana das mundialmente apreciadas pimentas Capsicum.

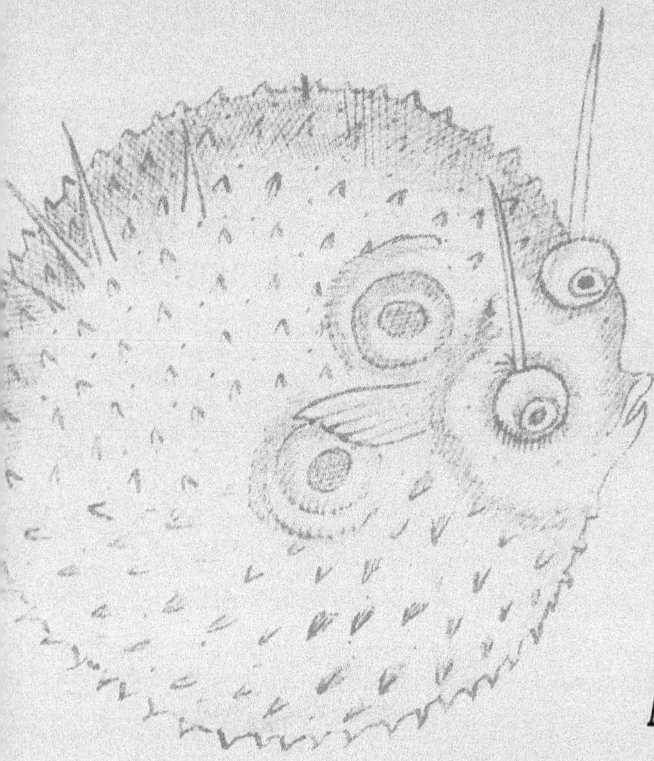

Animais

Mamíferos

✦ Capivara

A primeira documentação do nome "capivara" é de Anchieta, em sua famosa carta em latim, em que descreve a natureza da capitania de São Vicente, escrita a seus irmãos jesuítas de Portugal em 1560. Escreve o padre: "Outra alimária do gênero anfíbio que se denomina capivara, isso é, comedor de erva." É perfeita a explicação que o jesuíta, autor de uma gramática da língua tupi, dá para a etimologia do nome nativo do animal. Capivara, em tupi, significa "comedor de capim".

Tanto Anchieta quanto Cardim, Gândavo e Gabriel Soares de Sousa aproximam a capivara, cujas características anatômicas eles vêem e descrevem, do porco. Hans Staden registra a identificação da capivara com o porco quando diz que ela "tem sabor de porco". No entanto, a capivara (*Hydrochaeris hydrochaeris*) não é uma espécie de porco, mas um herbívoro roedor, o maior do mundo.

Gabriel Soares de Sousa, em seu *Tratado descritivo do Brasil,* afirma que a carne da capivara é "mole, e o toucinho pegajoso; mas salpresa [salgada] é boa de toda a maneira, mas carregada para quem não tem saúde". Gândavo,

ao contrário, informa que a carne é saudável e indicada para os enfermos: "E assim a carne destes (porcos), como a dos outros, é muito saborosa e tão sadia que se manda dar aos enfermos, porque para qualquer doença é proveitosa e não faz mal a nenhuma pessoa."

No *Diálogo das grandezas do Brasil*, o personagem Brandônio, dialogando com Alviano, diz que as capivaras, "as quais vivem nas águas e pastam sobre a terra", "se criam pelas alagoas e rios", afirmando que são semelhantes à lontra "na natureza, mas não nas feições" e boas para comer, não entrando em detalhes sobre seu sabor ou preparo. Diante dessa descrição, o espantado Alviano pergunta: "E esse animal é reputado por peixe ou por carne?" Ao que responde Brandônio: "Por carne se reputa, porque a tem ele muito boa e gostosa; além de que, conforme rezam, era bem que fosse tido por carne, por pastar na terra, que é ao que se deve de ter respeito para semelhantes dúvidas."

O padre Fernão Cardim não menciona a capivara como animal a ser comido, mas se refere a uma pedra "muito grossa" que têm no céu da boca, "que lhes serve de queixais". Essa pedra era dada às crianças e tida pelos índios como uma jóia.

Na correspondência do padre Anchieta, que dizia que as capivaras "eram próprias para comer", há referência à domesticação delas: "Domesticam-se e criam-se em casa como cães, saem a pastar e voltam a casa por si mesmas." Hábitos indígenas incorporados por colonos.

> *E outros [porcos] que comem e se criam na terra e andam debaixo d'água o tempo que querem, aos quais, como corram pouco por causa de terem os pés compridos e as mãos curtas, proveu a natureza de maneira que pudessem conservar a vida debaixo d'água, onde logo se lançam de mergulho assim que vêem gente ou qualquer outra coisa que temam.*
>
> PERO DE MAGALHÃES DE GÂNDAVO

Anta / Tapir

Em sua bela carta em latim, dirigida aos irmãos de Lisboa, escrita em 1560, em que descreve a natureza da capitania de São Vicente, Anchieta define o tapir (*Tapirus terrestris)* como um animal "próprio para comer", e o identifica à anta, conhecida na Europa. A palavra "anta" é de origem árabe e designa uma outra espécie nativa do sudoeste da Ásia, conhecida desde antes da descoberta do Novo Mundo. Gândavo não menciona o nome indígena, mas faz minuciosa descrição dos hábitos do animal, que anda à noite e se esconde durante o dia "como aves noturnas a que a luz do dia é odiosa". Afirma nosso primeiro historiador que o animal, que ele julgava parecido com uma mula mas com "o beiço comprido à maneira de tromba", "tem sabor como o da vaca, da qual parece que não se diferencia coisa alguma". O francês André Thevet registra que o animal era muito abundante na América, "estimadíssimo pelos indígenas, que o caçam em grande quantidade, não só por sua carne – aliás, excelente".

Gabriel Soares de Sousa, ao escrever sobre os animais da Bahia, dá prioridade ao tapir: "E comecemos das antas, a que os índios chamam tapiruçu, por ser a maior alimária que esta terra cria." De suas qualidades como alimento, diz o cronista e senhor de engenho que sua carne é muito "gostosa", como a de vaca, com a vantagem de não ter sebo, "mas quer-se bem cozida, porque é dura"; de seus ossos torrados e moídos faziam os índios remédio, que bebiam "para estancar câmaras", ou seja, curar diarréia; com sua pele, por ser muito resistente, eram feitos impenetráveis broquéis e couraças. Também as antas eram criadas em casa, "onde se fazem muito domésticas, e tão mansas que comem as espinhas, os ossos, com os cachorros e gatos de mistura; e brincam todos juntos", conta Soares de Souza.

Para Jean de Léry, em sua *Viagem à terra do Brasil*, a carne do tapiruçu "tem quase o mesmo gosto da do boi". É falando do tapir que o cronista francês descreve a técnica indígena da moqueação: "Os índios enterram no chão quatro forquilhas de pau, enquadradas à distância de pouco mais de noventa centímetros e à altura de setenta e poucos centímetros, e sob elas assentam varas, formando uma grelha de madeira. Sobre essa grelha colocam a carne cortada em pedaços e acendem sob esse tipo de grelha um fogo de lenha seca, para não fazer muita fumaça; de quinze em quinze minutos viram a carne, até que esteja bem assada. Como não têm o hábito de salgar as carnes como fazem os europeus, esse era um meio de conservação que possuíam."

> *O primeiro e mais comum é o tapiruçu de pêlo avermelhado e assaz comprido, do tamanho mais ou menos de uma vaca, mas sem chifres, com pescoço mais curto, orelhas mais longas e pendentes, pernas mais finas e pé inteiriço com forma de casco de asno. Pode-se dizer que, participando de um e outro animal, é semivaca e semi-asno. Difere entretanto de ambos pela cauda, que é muito curta (há aqui na América inúmeras alimárias sem cauda), pelos dentes que são cortantes e aguçados; não é entretanto animal perigoso, pois só se defende fugindo.*
>
> JEAN DE LÉRY

Outro francês, André Thevet, nas *Singularidades da França Antártica*, expõe as duas razões pelas quais o tapir é tão estimado pelos índios: em primeiro lugar pela qualidade de sua carne, e depois por outra razão igualmente importante para eles – a pele, "já que com ela podem fabricar escudos que usam nas guerras". E continua o autor: "Essa pele é de fato tão resistente que só com grande dificuldade se consegue atravessá-la com um tiro de bacamarte." Jean de Léry conta como, na viagem de volta à França, durante uma grande fome, os tripulantes de seu navio, depois de comerem todos os ratos, inventaram uma exótica refeição, à base dos duríssimos escudos de pele de anta: "Já estávamos porém tão magros e fracos, que mal nos podíamos suster de pé para as manobras do navio; mas a necessidade sugeria a cada um uma solução para encher o estômago e alguém se lembrou de cortar rodelas do couro do tapiruçu e fazê-las ferver na água, imaginando que assim pudessem ser comidas; mas a receita não foi julgada boa. Outros, porém, que também davam tratos à bola, lembraram-se de assar essas rodelas na brasa. Depois de tostadas, rasparam a parte queimada e isso deu tão bom resultado que os que a comiam declaravam que pareciam torresmos. Depois dessa experiência, quem tinha rodelas as guardava, e como eram duras como couro seco de boi foram cortadas em pedaços com foices e outras ferramentas, e os que as possuíam escondiam-nas cuidadosamente em pequenos sacos de pano, pois davam-lhes tanta importância quanto aos escudos dão entre nós os usurários."

Tatu

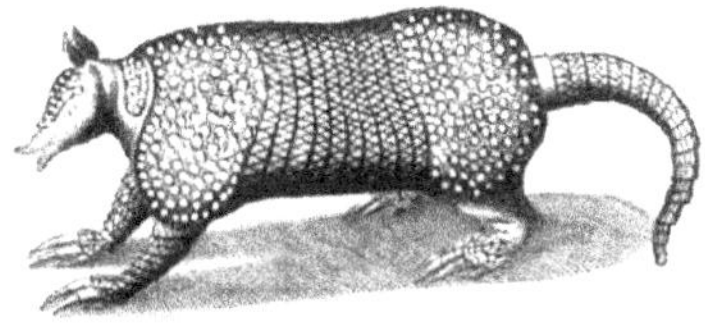

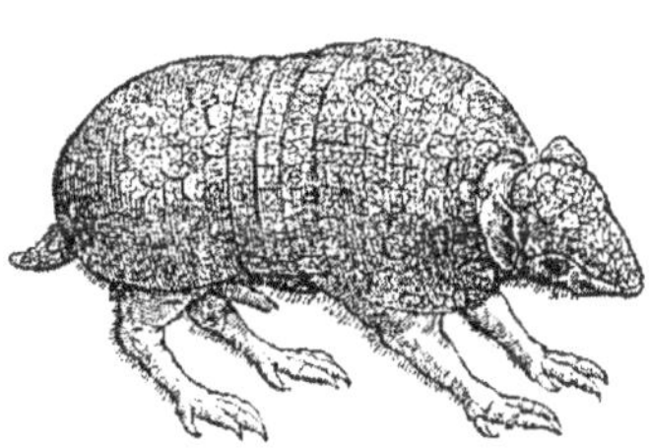

Sua aparência maravilhou e espantou os cronistas, que o descreveram detalhadamente e produziram uma série de ilustrações desse estranho animal coberto por uma espécie de couraça em forma de lâminas, como uma armadura. Era "diferente de todos os outros animais que quantos até agora se têm visto", define Gândavo. Segundo os que escreveram sobre ele, parecia-se com um "cavalo armado", tinha o casco "como de cágado", pernas curtas, "focinho de leitão, ainda que mais delgado", "dentes de gato", "unhas de cão", rabo comprido. O monstro, apesar da assustadora aparência, era pacífico. Conta o padre Fernão Cardim que os tatus eram domesticados e criados "em casa". Havia pelas matas em abundância, e eram facilmente apresados.

Era uma das carnes mais apreciadas pelos colonos e pelos índios. Na opinião de Gândavo, "é a melhor e a mais estimada que há nesta terra". O sabor era descrito como semelhante à carne de galinha ou de leitão. José de Anchieta

> *Tatu é um bicho que se vê pintado nos mapas pela sua estranheza e feição.*
>
> Ambrósio Fernandes Brandão
>
> *É animal para ver, chamam-lhe cavalo armado: a carne parece galinha, ou leitão, muito gostosa, das peles fazem bolsas, e são muito galantes, e de dura; fazem-se domésticos e criam-se em casa.*
>
> Fernão Cardim

achava o *sabor* muito agradável. Para outro jesuíta, Fernão Cardim, era "muito gostoso". Hans Staden comeu dele muitas vezes e elogia sua carne "gorda", uma das características mais louvadas. Os franceses também eram apreciadores. André Thevet achava sua carne "de delicadíssimo paladar", e Jean de Léry disse que era "branca e muito saborosa".

O tatu era, portanto, uma unanimidade entre os diferentes paladares europeus, e presença constante na mesa brasileira quinhentista. Todas as espécies do animal (pequenas, médias e grandes) eram consumidas, tanto cozidas como assadas. Um único tatu da maior espécie existente, o tatu-canastra (*Priodentes maximus*), capaz de atingir um metro de altura e pesar 30 quilos, poderia, assado, proporcionar um regalado banquete.

Paca

Sua carne era considerada mais gostosa do que carne de porco. Era "uma das melhores que há na terra", segundo Gândavo, o primeiro a descrever esse mamífero roedor. Todos os portugueses comparam o sabor da carne de paca (*Agouti paca*) ao da carne de porco. Mas o francês Jean de Léry achava o gosto parecido com vitela, e via para a bela pele do animal um mercado certo da França: "É muito bonita, manchada de branco, pardo e preto e se o tivéssemos seria muito apreciado no vestuário."

No Brasil quinhentista, as pacas eram muito abundantes, e costumava-se comê-las guisadas, para o que não as esfolavam, de forma a aproveitar seu couro tenro e saboroso. Eram também assadas inteiras e estimadas pelo seu couro crocante e apetitoso, como de leitão. Uma carne gorda, considerada sadia pela maioria. Para o padre Fernão Cardim, no entanto, era "gostosa, mas carregada".

> *Criam-se nestes matos uns animais a que os índios chamam pacas que são do tamanho de leitões de seis meses, têm a barriga grande e os pés e mãos curtos, as unhas como cachorros, a cabeça como lebre, a pele muito macia e raiada de preto e branco ao comprido do corpo, têm o rabo muito comprido, correm pouco.*
>
> Gabriel Soares de Sousa

✦ Cutia

As índias grávidas não comiam cutia para que a criança não nascesse magra. Mas o resto da população brasileira se rendeu ao sabor delicado desse franzino mamífero roedor. Na verdade, o nome cutia designa uma série de espécies do gênero Dasyprocta. Conheciam-se, de fato, várias castas: pequenas, médias e grandes, pardas, pretas ou amarelas.

Para os índios, o aguti era um animal doméstico. Os colonos adquiriram o hábito indígena, e era comum ver pequenas cutias andando dentro das casas e pelos quintais, perfeitamente integradas à paisagem doméstica colonial.

Sua carne de "sabor agradabilíssimo", como define Jean de Léry, era degustada cozida ou assada. Para que todas as suas potencialidades se revelassem, requeria os mesmos cuidados que a carne de paca: não se as esfolavam, apenas pelavam-na, como um leitão. A pele crocante era seu grande atrativo.

> *Encontra-se ali também um pequeno animal chamado aguti, grande como um lebrão, que tem o pêlo duro e eriçado como o do javali, a cabeça como a de uma ratazana, as orelhas e a boca semelhantes às da lebre, e uma cauda de apenas uma polegada de comprimento. Seu dorso é inteiramente glabro da cabeça à cauda, e suas patas fendidas como as do porco. Alimenta-se de frutas. Os selvagens criam os agutis como animais de estimação, mas também apreciam-nos bastante por causa de sua carne, que é excelente.*
>
> André Thevet

Porcos

Eram tão abundantes os porcos nativos do Brasil que o padre Fernão Cardim dizia que eram o "ordinário mantimento dos índios", isto é, o que eles comiam facilmente todos os dias. O militar espanhol Cabeça de Vaca, embrenhado em caminhos no sul do Brasil, admira-se com a quantidade de porcos caçados, que mantinham a expedição muito bem alimentada.

Os europeus geralmente os associavam aos porcos monteses de seus países, mas os nossos não são monteses, e sim porcos do mato, do gênero *Tayassu*: o *Tayassu tajacu* (catitu ou cateto) e o *Tayassu pecari* (queixada). Diferenciavam-se dos europeus por terem "o umbigo nas costas", na verdade uma glândula odorífera, o que facilitava a sua caça: "Por ele sai um cheiro, como de raposinho, e por este cheiro os seguem os cães e são tomados facilmente", explica Fernão Cardim.

A carne era considerada uma espécie de remédio: "A carne destes é muito saborosa e tão sadia que se manda dar aos enfermos, porque para qualquer doença é proveitosa e não faz mal a nenhuma pessoa", conta Gândavo. A carne magra, sem banha nem toucinho, das espécies menores, era, na opinião do senhor de engenho e gourmet Gabriel Soares de Sousa, que preferia a carne da queixada à do cateto, "carregada para quem não tem boa disposição". Os tajaçus maiores tinham a carne gorda, com toucinho, mas cheiravam muito mal e o "umbigo" precisava ser rapidamente cortado, para não estragar a carne; estes eram mais ferozes, perigosos e mais difíceis de serem caçados.

Quanto às formas de preparo, provavelmente preparavam-se os tajaçus dos mesmos modos que os porcos europeus: assados, guisados, em morcelas e lingüiças, em pastéis e em tortas.

TORTA DE PORCO

Piquem bem miudinho carne de carneiro ou de porco, e levem-na a cozinhar com pouca água, um pouco de açúcar e manteiga. Quase cozida, lancem-lhe alguns cravos-da-índia. Acabem de cozê-la e retirem-na do seu caldo.

À parte batam uma dúzia de ovos, claras separadas, adicionando-lhe um pouco de açúcar.

Numa frigideira com manteiga bem quente, coloquem a metade dos ovos batidos; deixem-nos tomar consistência e derramem por cima a carne cozida. Logo que os ovos estiverem corados virem tudo num prato. Esquente-se, de novo, manteiga na frigideira, colocando-lhe o resto dos ovos batidos e, por cima, a fritada, tendo o cuidado de não deixar pegar no fundo.

Sirva-se polvilhada com açúcar e canela e borrifada com água-de-flor.

Do *Livro de cozinha da infanta d. Maria*

É mais magro, descarnado; tem um grunhido espantoso e apresenta nas costas uma deformidade notável, uma abertura natural, como a do golfinho na cabeça, por onde sopra, respira e aspira quando quer.

JEAN DE LÉRY

PASTÉIS DE CARNE

Tomem carneiro, alcatra ou lombo de porco fresco, e uma fatia de toucinho de fumeiro, para dar gosto. Piquem tudo muito bem. Com cravo, açafrão, pimenta, gengibre, coentro seco, caldo de limão ou de agraço, e uma colher de manteiga, façam o refogado, ao qual se deitam a carne e o toucinho picados. Cozinhem em fogo brando. Depois de pronto deixem esfriar e façam os pastéis, bem recheados. Pincelem-nos com gema de ovo e levem-nos a assar em forno quente.

Do mesmo modo se fazem os pastéis de galinha.

Os pastéis ficarão mais gostosos se recheados com carne crua.

Do *Livro de cozinha da infanta d. Maria*

Veados

Pelo que descrevem os cronistas do Brasil quinhentista, os índios gostavam mais de carne de veado do que os colonos. Quase ninguém se entusiasma com a iguaria. Mesmo o maior comentador gastronômico da época, o senhor de engenho português radicado na Bahia Gabriel Soares de Sousa, que costuma escrever detalhadamente sobre os sabores e os modos de comer plantas e animais brasileiros, não é muito enfático. Para ele, dentre as três espécies de veado que conhecia – os pequenos, do tamanho de cabras, ruivos e "sem cornos" (suaçu), provavelmente o *Mazama govazoupira*, os brancos, maiores e com "cornos" (talvez o *Ozotocerus bezoarticus*), e os maiores que os da Espanha, com enormes "cornos" (suagupara) (talvez o *Blastocerus dichotomus*) –, os únicos de carne "muito boa" eram os maiores, que viviam nos fundos sertões, e eram portanto raros na mesa baiana. De fato, existem várias espécies de suaçu brasileiros, como o veado-mateiro, pequeno e avermelhado, e o veado-campeiro, de grande porte, também chamado veado-branco.

O jesuíta Fernão Cardim, que não é um entusiasta da boa mesa, apenas comenta que os colonos "fazem muito caso das carnes" dos veados grandes e galhudos que se encontravam no rio São Francisco e na capitania de São Vicente, talvez o cervo-do-pantanal, espécie hoje ameaçada de extinção.

O único entusiasta é o grande propagandista do Brasil, Pero de Magalhães de Gândavo, que diz que a carne é saborosa e medicinal, sendo dada aos enfermos, assim como a carne dos porcos selvagens.

Todos os que se embrenharam pelos caminhos desconhecidos do sertão alternaram episódios de fome com outros de fartura de carne, e especialmente de carne de veado, dada a abundância do animal no território brasileiro. Os índios, ao receberem os desconhecidos, ofereciam veados e porcos. Ao encontrarem os jesuítas, muitas vezes presenteavam-lhes pedaços de veado e, em troca, pediam para aprender a doutrina cristã e para serem batizados. Pero Lopes de Sousa, irmão de Martim Afonso de Sousa, em sua viagem marítima ao longo do litoral brasileiro, estocava em seus navios "tassalhos de carne de veado" que conseguia com os índios, e assim manteve sua tripulação bem alimentada.

Os índios tinham uma ótima razão para preferirem a carne de veado: evitavam comer os animais vagarosos para não adquirirem sua lentidão, mas valorizavam enormemente os ágeis e velozes. Como explica o francês André Thevet: "Já as de animais que voam ou correm com ligeireza, tais como veados e corças, por exemplo, comem-nas todas."

Thevet também observa que os índios conheciam uma outra propriedade medicinal do chifre de veado, amplamente usado na medicina européia. Eles usavam os chifres nos "orifícios faciais das crianças" porque acreditam que combatiam e impediam "o surgimento de inflamações locais". Na Europa, o chifre de veado era empregado como antídoto e também para "fortalecer e confortar o estômago".

Ainda que os colonos não aproveitassem na culinária a abundância dessa caça, enriqueceram sua vestimenta e seu mobiliário com botas e mesmo cadeiras feitas de pele de veado, que eram muito apreciadas.

✦ Coelhos

Ao descreverem uma série de pequenos animais brasileiros, como a paca, o tatu ou a cutia, os cronistas do Brasil quase sempre comparam-nos ao coelho, seja pelo delicado sabor da carne, seja pelo tamanho. O pequeno e saboroso animal era o paradigma para todos os da sua estatura e delicadeza. As cutias, os tatus e as pacas eram, para os europeus do século XVI, os novos coelhos, os coelhos do Novo Mundo. Mas, além desses pequenos animais, arremedos de coelhos, havia também os "verdadeiros" coelhos brasileiros, chamados pelos índios de tapiti (*Silvilagus brasiliensis)*, que eram abundantes, e, para ampliar ainda mais esse variado cardápio, havia ainda uma multidão de coelhos europeus, que tinham se multiplicado no novo território.

O grande conhecedor da mesa brasileira, o senhor de engenho Gabriel Soares de Sousa, descreve cinco tipos de coelhos nativos – que na verdade não eram coelhos, mas roedores (ver ilustração na página seguinte). Uns pequenos chamados sauja,

COELHO DA INFANTA D. MARIA

Assem um coelho temperado só com sal, e em seguida cortem-no em pequenos pedaços. Façam então um refogado com manteiga, cebola batida, vinagre, cravo-da-índia, açafrão, pimenta-do-reino e gengibre. Ponham em seguida os pedaços do coelho dentro do refogado, e deixem levantar a fervura. Sirvam sobre fatias de pão.

Do *Livro de cozinha da infanta d. Maria*

outros com rabo grande semelhante a rato chamados punari, uns parecidos com estes, denominados apariás (preás), que eram excelentes para se comerem, uns "pequeninos a que chamam mocó, os quais se fazem domésticos e se trazem pela casa, para contra os ratos, por serem grande perseguidores deles", e ainda outra casta a que chamavam reruba. Nenhum desses era coelho, mas eram comidos e saboreados como se o fossem.

Jean de Léry, na sua curta estada no Brasil, viu duas ou três espécies diferentes de tapitis. Ele é o primeiro a registrar o vocábulo tupi. Diz que parecem muito com as lebres francesas, embora o pêlo seja mais avermelhado.

Como no Brasil se achavam todos os temperos usados em Portugal, era bem possível que em algumas casas fossem servidos pratos semelhantes aos da metrópole.

TIGELADA DE COELHO

Temperem um coelho a gosto e levem-no a cozer com pedaços de toucinho. Quando estiver bem macio, tirem-no fora, piquem-no e partam o toucinho em talhadas bem finas. Arrumem tudo dentro de uma tigela de barro, entremeando o coelho com o toucinho. Ajuntem cravo-da-índia e uma pitada de açafrão, e cubram com salsa, coentro, hortelã e cebola, tudo bem batidinho. Então derramem dentro o caldo em que o coelho foi cozido e levem a tigela ao fogo.

Assim que levantar fervura, tirem a tigela do fogo, derramem em cima meia dúzia de ovos batidos, claras e gemas tudo junto, e levem ao forno para corar.

Do *Livro de cozinha da infanta d. Maria*

✦ Tamanduá

Eles eram ferozes. "Acometem muito a gente e os animais", advertia o padre Fernão Cardim. Um quadro igualmente apavorante pintava o jesuíta Francisco Soares: "Redondas, as unhas são como dedos, mas agudas como punhal; a tigre ou a qualquer coisa que ele lança mão despedaça; os pés como homem, e assim espera sem temer nada e tem grande força." Com suas cerdas longas e arrepiadas, mais grossas que as do porco, "recebem e repelem o golpe das armas", conta Anchieta. Mas, estranhamente, esse verdadeiro monstro do Novo Mundo comia apenas formigas.

Todos os cronistas que se ocuparam do tamanduá (animais do gênero *Myrmecophaga*) descreveram pormenorizadamente seu estranho aspecto e a forma como capturavam e engoliam as formigas. Alguns diziam que tinha o tamanho de um cão, outros comparavam-no com raposas, carneiros ou potros. Pernas curtas, o rabo duas vezes maior que o corpo, um focinho comprido como funil, uma boca mínima e uma língua de quatro palmos, estranhíssimas unhas.

Os índios não comiam tamanduás. Tinham nojo, conforme explica Gabriel Soares de Sousa, e também "tinham agouro", segundo

> *Este bicho se mantém de formigas que toma da maneira seguinte: chega-se a um formigueiro e deita-se ao longo dele como morto e lança a língua para fora, que tem muito comprida, ao que acodem as formigas com muita pressa e cobrem-lhe a língua umas sobre as outras e quando a sente bem cheia recolhe-a para dentro e engole-as, o que faz até que não pode comer mais.*
>
> Gabriel Soares de Sousa

Francisco Soares. Mas os europeus e colonos eram apreciadores. Anchieta é um dos adeptos: "É muito bom para comer, dir-se-ia carne de vaca, se não fossem carnes menos substanciosas." O inglês Anthony Knivet, em uma expedição pelo sertão da capitania de São Vicente, conta como mataram "grande quantidade de tamanduás", que foram assados e guardados, de forma a alimentarem os homens durante dias seguidos. E não registrou reclamações sobre o exótico acepipe.

Quati

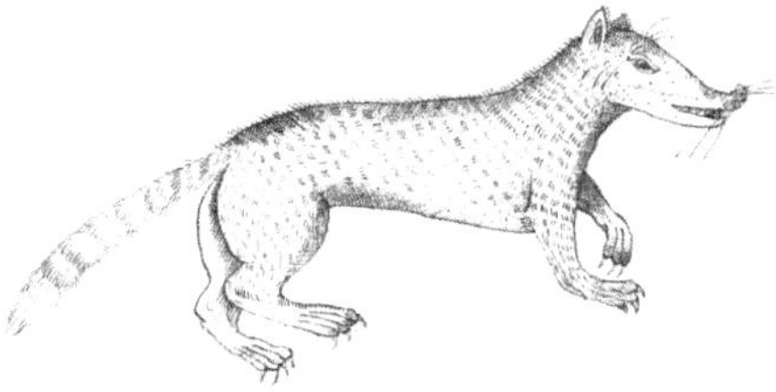

O primeiro a descrever o quati (*Nasua nasua*) é o jesuíta Francisco Soares, em 1594. Diz que são como os texugos de Portugal: andam em bandos e têm "peles para forros, boas que parecem veludo". O francês André Thevet escreve que os índios jamais comiam a carne do quati, pois os consideravam impuros, por viverem "na beira dos regatos, alimentando-se dos restos de animais mortos que ali encontram".

Fernão Cardim conta que eram domesticados e que brincavam "com gatinhos e cachorrinhos, e são maliciosos, aprazíveis, e têm muitas habilidades".

O único a considerar o quati como uma possibilidade gastronômica é Ambrósio Fernandes Brandão, em seu *Diálogo das grandezas do Brasil*, ao afirmar que a carne dos quatis é tão boa quanto a das cutias.

Ratos

Havia muitos, de várias espécies, ruivos, pardos e pretos. Os ratos do mato, alguns grandes como coelhos, eram muito apreciados por portugueses e colonos. Como resume o padre Fernão Cardim: "Todos se comem e são gostosos." Os índios também eram adeptos dessa abundante presa.

Gabriel Soares de Sousa dedica um capítulo de seu livro sobre o Brasil à "diversidade dos ratos que se comem", e descreve várias espécies de sauiá, vulgarmente chamado rato-de-espinho, roedores da família Echymidae. Do tamanho de filhotes de coelho, os sauiás se criavam em covas, alimentavam-se de frutas silvestres e eram capturados em armadilhas. Todos tinham o pêlo como de lebre, por vezes vermelho, alguns com rabos compridos, mas sempre com a carne "muito boa, sadia e saborosa", estimada por todos. Soares de Sousa descreve os sauiá, os sauiatinga e os suiá-coca (espécies de difícil identificação), todos com carne semelhante à dos coelhos. Ele também fala das aperiás, ou seja, as preás (*Cavia aperea*), "ratos" de carne muito saborosa, sem rabo, "o rosto da feição de leitão, orelhas como coelho e cabelo como lebre".

Mas nem todos comiam ratos com essa naturalidade e esse prazer. Hans Staden, o bucaneiro alemão, comeu ratos e lagartos durante uma grande fome nos sertões da capitania do Rio de Janeiro, quando não tinha outra alternativa.

O francês André Thevet dedica um capítulo de suas *Singularidades da França Antártica* à "Ilha dos Ratos", uma belíssima ilha "assim batizada devido à variedade e abundância desses animais". Tratava-se de Fernando de Noronha. A tripulação da frota onde estava Thevet passava fome há quatro meses e resolveu desembarcar na ilha. Não acharam água doce, mas se fartaram com os abundantes pássaros. Ali, Thevet conheceu o soiatã – provavelmente o sauiá –, um rato cinzento, cuja carne era "gostosa e delicada como a de um lebracho". Encontrou também outra espécie, "porém de carne menos saborosa", a que designa ieruçu.

Eram ratos, mas todos concordavam que parecia coelho, não sem razão. Os sauiás eram tão saborosos que praticamente desapareceram do território brasileiro. Uma de suas maiores espécies, o *Phyllomys unicolor*, cientificamente descrito pela primeira e única vez pelo alemão Andreas Wagnär, em 1824, nunca mais tinha sido visto. Em dezembro de 2007 um filhote foi capturado no sudoeste da Bahia.

✦ Macaco

O macaco fazia parte dos hábitos alimentares indígenas (no Brasil encontra-se uma grande variedade de espécies e subespécies de primatas). E quando os viajantes, embrenhados em suas expedições, encontravam tribos indígenas, quase sempre havia carne de macaco assada. Mas os colonos, cronistas e viajantes não demonstram nenhum entusiasmo por essa comida, considerada de índio e só tolerada em casos extremos de fome. Jean de Léry conta como os membros da tripulação do navio em que estava, voltando para a França, ao passarem uma grande fome, depois de comerem toda a comida, tiveram de comer os macacos e os papagaios, como uma das últimas alternativas – antes de comerem os escudos de pele de anta.

A única exceção a essa repugnância nos registros de então é o padre José de Anchieta, que na célebre carta de 1560 afirma que todas as quatro castas de macacos então conhecidas eram "muito boas para se comerem", dizendo que os padres com freqüência experimentavam do exótico manjar, um alimento "muito são até para os doentes". Anchieta era um devoto admirador das coisas brasileiras.

✦ Gambás

Nos dois primeiros meses do ano de 1500, pouco antes de Pedro Álvares Cabral chegar ao Brasil, a frota do espanhol Vicente Yañez Pinzón percorreu a costa brasileira, da ponta de Mucuripe, no Ceará, até o Oiapoque, descobrindo a foz do rio Amazonas – como demonstrou o almirante Max Justo Guedes a partir da análise do mapa-múndi de Juan de la Cosa. Os relatos sobre essa expedição, escritos por Pedro Martyr, registram a primeira vez em que um animal brasileiro é descrito por um europeu. Tratava-se

de uma fêmea de gambá, com seus filhotes, capturada no rio Amazonas, que causou admiração pela bolsa no ventre, onde carregava a cria, e por sua rara aparência – "um animal monstruoso, com cara de raposa, rabo de macaco, orelhas de morcego, mãos humanas e pés como de macaca", descreve o cronista. O espantoso animal foi embarcado, mas não resistiu à viagem marítima: os filhotes logo morreram e "a mãe sobreviveu ainda alguns meses, mas tampouco pode suportar uma mudança tão grande de clima e alimentação".

Gândavo, ao descrever os gambás na primeira versão de sua obra sobre o Brasil, chama-os de ratos, e também destaca o fato de terem uma bolsa onde criavam seus filhotes. Os marsupiais eram desconhecidos dos europeus, e vários cronistas explicaram, cada um ao seu modo, por que essas bolsas existiam, como esses animais nasciam e como se geravam. Ao descrevê-los pela segunda vez, na versão corrigida e aperfeiçoada de seu tratado, Gândavo já indica corretamente o nome indígena: sarigüê, que em tupi significa "animal de saco ou bolsa".

Poucos confessam ter comido gambá (várias espécies de marsupiais do gênero Didelphis). Uma exceção é o francês Jean de Léry: "Existe outro animal do feitio de uma doninha e de pêlo pardacento, ao qual os selvagens chamam sariguá; tem mau cheiro, e não o comem os índios de boa vontade. Esfolamos alguns desses animais verificando estar na gordura dos rins o mau odor; tirando-lhes essa víscera a carne é tenra e boa."

Há outro semelhante a uma raposa pequena (que os índios chamam sariguéia) que cheira muito mal e gosta muito de comer galinhas. Tem no baixo ventre um saco, aberto de cima para baixo, onde se escondem as tetas, e, quando pare, as crias entram nele, pega-se cada qual à sua teta, e nunca mais saem senão quando já não precisam do auxílio da mãe e podem estar em pé e caminhar por si.

José de Anchieta

✦ Lontra

Há duas descrições de viajantes que se referem a uma espécie de lontra de difícil identificação – talvez a *Lontra longicaudis* ou a ariranha. Pero Lopes de Sousa refere-se a um animal meio terrestre e meio aquático, de bom paladar: "Neste rio [da Prata] há umas alimárias como raposas, que sempre andam na água, e matávamos muitas; têm sabor como cabritos." E também André Thevet, ao falar da região circunvizinha ao rio da Prata, descreve "um certo animal chamado pelos selvagens de saricuiena", o que significa "bicho guloso". "Trata-se de um anfíbio que vive mais na água do que na terra e é pouco maior que um gatinho. Seu pêlo, malhado de cinza, branco e negro, é fino como veludo. Seus pés parecem-se com os das aves aquáticas. Por fim, sua carne é delicada e de ótimo paladar. Nesta terra, para as bandas do Estreito, encontram-se muitos outros animais extraordinários e monstruosos, mas não tão ferozes quanto os da África", conta Thevet.

✦ Peixe-boi

Numa época de excessivo rigor nas práticas religiosas e de severa obediência aos ditames da igreja Católica com relação aos dias de jejum e abstinência, um grande animal aquático que habitava toda a costa do Brasil foi causa de confusão e até problemas de consciência. Trata-se do peixe-boi, abundante nos estuários dos rios e nas enseadas e baías onde se misturavam água doce e salgada – e hoje ameaçado de extinção. O padre Fernão Cardim menciona a dúvida dos fiéis quanto a comer, nos dias de preceito, a carne do animal – que é um mamífero, e não um peixe como pensavam os cronistas da época: "Já houve alguns escrúpu-

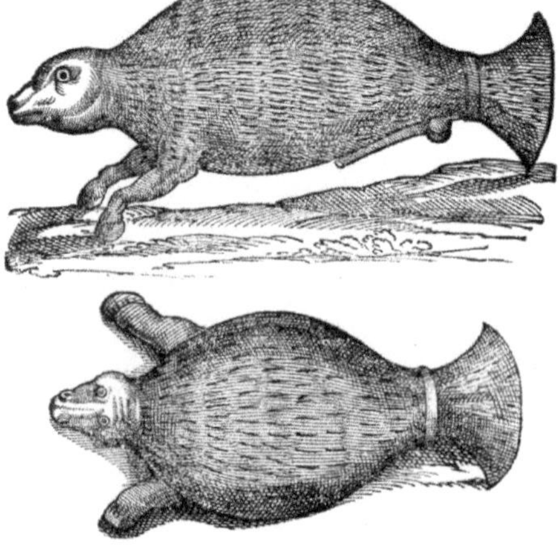

los por se comer em dias de peixe", ou seja, em dias de abstinência de carne. Na época, eram 166 os dias anuais de jejum religioso e abstenção de carne, sendo 40 deles na Quaresma, quando se ingeria, no que toca às carnes, somente peixe.

Os índios chamavam-no de iguaraguá. Anchieta dá notícia desse animal numa carta escrita em latim, datada de 1560. Escreve o jesuíta: "Há um certo peixe que chamamos de boi-marinho e os índios de iguaraguá, freqüente na cidade do Espírito Santo."

Anchieta volta a falar mais detalhadamente sobre o peixe-boi em outra carta. O jesuíta o compara a um boi pelo tamanho e a um elefante pela dureza e cor da pele: "É muito bom para comer e mal se pode distinguir se é carne ou se antes se deve considerar peixe." E continua: "A gordura, que está pegada à pele e sobretudo junto da cauda, derretida ao fogo, torna-se líquida e pode-se bem comparar à manteiga, não sei se ainda melhor, e usa-se em vez de azeite para temperar comidas." Em tempos de abundância do animal, a banha de peixe-boi era também utilizada na cozinha para os mesmos fins que se usava, na Europa, a banha de porco.

> *Guarará é peixe a que os portugueses chamam boi ... o qual peixe tem o corpo tamanho como um novilho de dois anos, e tem dois cotos como braços, e neles umas mãos sem dedos; não tem pés, mas tem o rabo à feição de peixe, e a cabeça e focinho como boi; tem o corpo muito maciço, e duas goelas, e uma só tripa; o qual tem os fígados e os bofes e a forçura mais de boi, e tudo muito bom.*
>
> Gabriel Soares de Souza

Gândavo, nosso primeiro historiador, é pródigo na descrição desse animal, que causava imensa admiração aos europeus: "E deixando à parte a muita variedade daqueles peixes que comumente não diferem na semelhança dos de cá [de Portugal], tratarei logo em especial de um certo gênero deles que há nestas partes a que chamam peixes-boi, os quais são tão grandes que os maiores pesam quarenta, cinqüenta arrobas." O peixe-boi marinho (*Trichechus manatus*) pode, de fato, atingir 800 quilos; um pouco menor é o peixe-boi amazônico (*Trichechus inunguis*).

PEIXE-BOI GUISADO COM COUVES

Ponha-se a afogar dois arráteis de peixe-boi cortado em pedaços com meio arrátel de toucinho e seus cheiros, quando ferver, se lhe meterá a couve, e duas cabeças de alho, e alguma pimenta inteira, estando já cozido tempere-se com todos os adubos e sirva-se.

Baseado na receita de Carneiro com Couve do *Arte de cozinha*, de Domingos Rodrigues

Nosso historiador escreve também sobre o modo de preparo e o sabor: "Esse peixe é muito gostoso em grande maneira e totalmente parece carne, tanto na semelhança como no sabor, e assado não tem nenhuma diferença de lombo de porco. Também se coze com couves e guisa-se como carne, e assim não há pessoa que o coma que o julgue por peixe, salvo se o conhecer primeiro."

Tanto o padre Fernão Cardim quanto Gabriel Soares de Sousa descrevem pomenorizadamente o peixe-boi. Ambos começam afirmando tratar-se de um peixe. Fernão Cardim escreve: "Este peixe é nestas partes real e estimado sobre todos os demais peixes, e para se comer muito sadio, e de muito bom gosto, ora seja salgado, ora fresco; e mais parece carne de vaca que peixe."

Soares de Sousa assim inicia sua descrição: "Guaraguá é o peixe a que os portugueses chamam boi, que anda na água salgada e nos rios junto da água doce, de que eles bebem; e comem de uma erva miúda como milhã que se dá ao longo da água; o qual peixe tem o corpo tamanho como um novilho de dois anos." Se ambos estão de acordo que se trata de um peixe, não se furtam a mostrar seus atributos de mamífero: "As fêmeas parem uma só criança, e têm o seu sexo como outra alimária."

Eram muitos os usos e as formas de preparar esse falso peixe. Diz Cardim: "A carne é toda de febras, como a de vaca, e assim se faz como em tassalhos, e cura-se ao fumeiro como porco, ou vaca, e no gosto se se coze com couves, ou outras ervas, sabe a vaca, e comida com adubos sabe a carneiro, e assada parece no cheiro, e gosto, a gordura de porco, e também tem toucinho."

> *O aspecto deste peixe lembra um odre de couro de bode ou de cabra cheio de azeite ou vinho. Saem-lhe da altura do ombro duas patas que ele utiliza para nadar. A partir do umbigo, seu corpo vai afinando em direção à cauda. Sua cabeça lembra a de um boi, se bem que a cara seja um pouco mais delgada e o queixo mais carnudo e volumoso. Para um corpo medindo 10 pés de largura e 20 de comprimento, seus olhos são bem pequeninos. A pele é cinzenta e coberta de pêlos tão grossos como os de boi. Por fim, as patas inferiores lembram as do elefante, redondas, cada uma apresentando quatro unhas muito compridas. É o peixe mais disforme que já se viu por essas bandas, mas sua carne é muito saborosa, se bem que não tenha gosto de peixe: lembra antes veação.*
>
> André Thevet

Soares de Sousa é também minucioso na descrição dos sabores desse maravilhoso animal. Depois de escrever que é esfolado como novilho, completa que a "carne muito gorda é saborosa; e tem no rabo como toucinho sem ter nele nenhuma carne magra, o qual derretem como banha de porco, e se desfaz todo em manteiga, que serve para tudo para o que presta a de porco, e tem muito melhor sabor; a carne deste peixe em fresco, cozida com couves, sabe a carne de vaca, e salpresa melhor, e adubada parece e tem o sabor de carne de porco; e feita em tassalhos posta de fumo faz-se muito vermelha e é feita toda em fêveras com sua gordura misturada; e em fresca e salpresa, e de vinha-d'alhos, assada, parece lombo de porco, e lhe faz vantagem no sabor; as mãos cozidas deste peixe são como as de porco, mas tem mais que comer."

Gândavo dá as melhores informações sobre os locais onde são encontrados os animais: "Esses peixes pela maior parte se acham em alguns rios ou baías destas costas, principalmente são mais certos onde algum ribeiro ou regato se mete na água salgada, porque botam o focinho para fora e pascem as ervas que se criam em semelhantes partes, e também comem as folhas de umas árvores a que chamam mangues, de que há grande quantidade ao longo dos mesmos rios." Dá-nos também Gândavo informações sobre a captura dos peixes-boi: "Os moradores da terra os matam com arpões e também costumam tomar alguns em pesqueiras, porque eles vêm dar aos tais lugares com a enchente da maré, e com a vazante se tornam a ir ao mar donde vieram."

Sobre sua captura, Cardim diz apenas que "esse peixe se toma com arpoeiras". Soares de Sousa é bem mais detalhado: "A estes peixes se mata com arpões muito atados [a] um barril ou outra bóia, porque lhe largam com o arpão a arpoeira, e o arpoador vai numa jangada seguindo o rasto do barril ou bóia, que o peixe leva atrás de si com muita fúria, até que o peixe se vaza todo de sangue, e se vem acima da água morto." Ambrósio Fernandes Brandão relata que havia grandes pescarias de peixe-boi, animais dóceis que se deixam pegar facilmente, e que eram capturados em grupos, com pouco esforço.

> *Brandônio: E por este respeito se come este pescado cozido com couves e se faz dele picados e almôndegas, com aproveitar para tudo o de que se usa da carne de vaca e a algumas pessoas a dei eu já a comer e lhes não disse o que era, e ficaram entendendo que comiam carne de vaca.*
>
> *Alviano: Pois não deixara eu de ter muito escrúpulo, se nos dias de peixe usasse desse pescado; porque entendera que comia carne.*
>
> *Brandônio: Esse mesmo houve já nesta terra e foi questão assaz debatida; mas determinou-se por teólogos que era realmente peixe e que por tal devia de ser recebido realmente, visto ter semelhante peixe a sua habitação sempre nas águas, e não sair nunca a pastar fora delas.*
>
> Ambrósio Fernandes Brandão

PICADINHO DE CARNE DE PEIXE-BOI

Lavem carne de peixe-boi, e piquem-na bem miudinha. A seguir adicionem-lhe cravo, açafrão, pimenta, gengibre, cheiro-verde bem cortadinho, cebola batida, vinagre e sal. Refoguem tudo no azeite, e deixem cozinhar até secar a água.

Sirvam sobre fatias de pão.

Baseado na receita de Picadinho de Carne de Vaca do *Livro de cozinha da infanta d. Maria*

Não passa despercebido aos cronistas o emprego medicinal do peixe-boi. Cardim escreve sobre a propriedade medicinal da banha do rabo e também das "pedras" que o animal tem na cabeça, usadas em remédio muito empregado "contra a dor de pedra", ou seja, para pedra nos rins. "Feita em pó e bebida com vinho, ou água, faz deitar a pedra", receita Cardim. O padre Francisco Soares aprovou o remédio, que já era conhecido na Itália: "O peixe-boi tem duas pedras nas frontes da cabeça; esta moída para dor de pedra é única e faz botar em pedaços; e um vi que era como amêndoa pilada, e já cá em Portugal experimentei, e a lançou em pedaços, e de Roma no-la mandam pedir ao Brasil."

Baleia

Todos afirmam: havia "grande multidão" de baleias no litoral brasileiro, principalmente de maio até setembro, "quando parem seus filhos", como explica o padre Fernão Cardim. Chamadas pelos índios de pirapuã, eram abundantes, temidas, e representavam perigo para os barcos, que

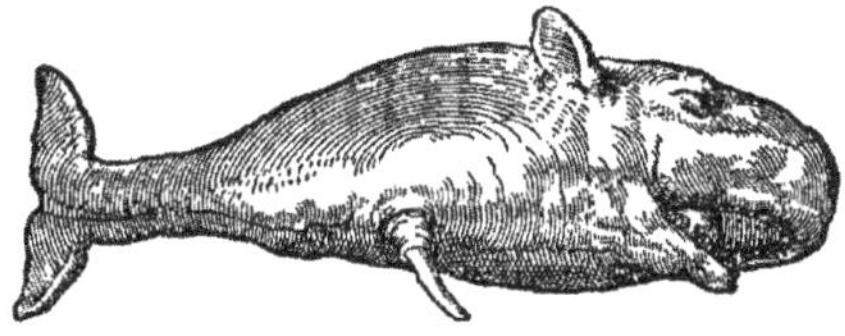

costumavam afundar. Produziam muito âmbar, que se achava nas praias e tornava muita gente rica. E forneciam, além disso, muito azeite, usado na iluminação.

O inglês Anthony Knivet comeu carne de uma baleia encalhada na praia, já a apodrecer, quando foi abandonado semimorto no litoral do atual estado de São Paulo, mas os cronistas não mencionam o uso da carne de baleia na alimentação cotidiana. O francês Jean de Léry conta um episódio em que podemos observar o quanto não se apreciava a carne das então "horríveis baleias", e faz uma curiosa referência a uma língua de baleia salgada em conserva, enviada para Villegagnon, na França:

> *Certa vez, quando ainda não nos encontrávamos na ilha, surgiu um desses cetáceos à distância de dez ou quinze léguas do forte, e chegou-se tão perto da terra que não teve bastante água para voltar e encalhou na praia. Mas ninguém ousou aproximar-se dele enquanto não morreu... A carne fresca não era muito boa e pouco comemos da que trouxeram para a ilha. Afora alguns pedaços de gordura, que derretemos para servir de azeite de iluminação, o resto da carne, que ficou exposta à chuva e ao vento, só nos serviu para esterco. A língua, que era a melhor coisa, foi salgada e remetida em barris para a França ao senhor almirante.*
>
> JEAN DE LÉRY

Golfinho

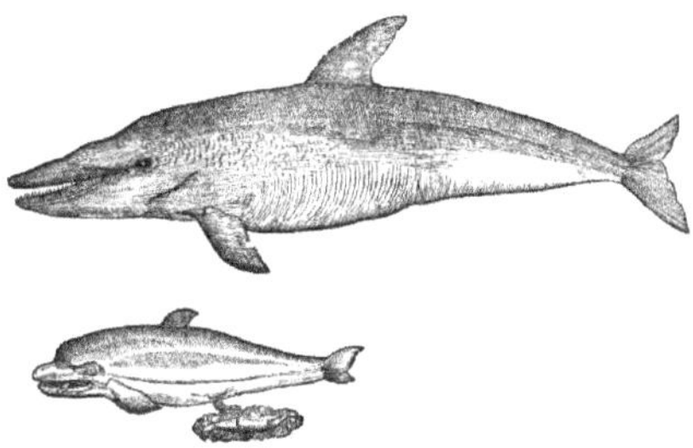

Uma das únicas referências à carne de golfinho aparece no relato do francês Jean de Léry. A tripulação do navio em que chegou ao Brasil apanhou 35 golfinhos, pescados com arpão de ferro e muito esforço

> *Na véspera de Natal [de 1554] vieram à proximidade do navio muitos peixes, a que chamam golfinhos. Pescamos tantos deles que durante alguns dias pudemos fartar-nos. Também para a noite dos Santos Reis brindou-nos o Senhor com pescaria abundante. Fora do que Deus do mar nos dava, não tínhamos muito para comer.*
>
> HANS STADEN

dos marinheiros. Léry conta que os fígados têm o mesmo gosto de fígado de porco, mas que a carne fresca "é muito adocicada e pouco saborosa". A dieta dos franceses incluiu também fetos de golfinho assados: "Como no ventre de alguns desses peixes acharam-se filhotes, que assamos como leitão, creio que os golfinhos geram fetos como as porcas e não os reproduzem por meio de ovos como quase todos os outros peixes. Entretanto, se alguém duvidar do que afirmo, louvando-se antes nos livros do que naqueles que viram a experiência, não o refutarei, mas tampouco deixarei de acreditar no que vi."

✦ MAMÍFEROS ESTRANGEIROS

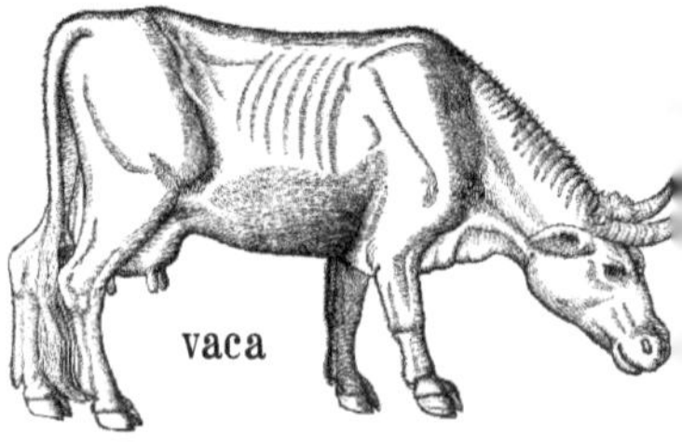

Não era apenas de uma abundante variedade de caça que se provia a mesa brasileira no nosso primeiro século. Nas principais vilas havia também fartura de animais trazidos da Europa. E aqui, como nos conta Gabriel Soares de Sousa, alguns deles se deram muito bem – como as vacas. Relata entusiasticamente esse senhor de engenho, ao escrever sobre a rápida reprodução do gado na Bahia: "As novilhas, como são de ano, esperam ao touro e aos dois anos vêm paridas, pelo que acontece muitas vezes mamar o bezerro na novilha e a novilha na vaca." Na Bahia havia o enorme rebanho de Garcia D'Ávila, que talvez corroborasse a ufana observação de Soares de Sousa. As vacas abasteciam a colônia de leite, do qual se fazia manteiga "e as mais coisas de leite que se fazem em Espanha", ou seja, queijos e doces variados. O padre Fernão Cardim conta como, na Bahia, jantando em uma fazenda dos jesuítas, comeu "requeijões e natas que faziam esquecer Alentejo".

Havia também ovelhas e cabras de carne gorda, "mui sadia e saborosa". Gabriel Soares de Sousa apreciava especialmente a carne dos animais mais velhos e registra que do leite se faziam manteigas e queijos.

As porcas, na descrição ufanista do senhor de engenho baiano, pariam "infinidade de leitões", todos muito tenros e saborosos. Carne sadia, que se mandava dar aos enfermos, como se fazia com a carne de galinha. Uma ressalva: os toucinhos não eram tão gordos como em Portugal, com exceção daqueles produzidos no Rio de Janeiro e em São Vicente, e que talvez fossem "exportados" para a Bahia de modo a chegar nas mesas dos grandes senhores de engenho como Gabriel Soares de Sousa.

PASTÉIS DE FÍGADO DE CABRITO

Cozinhem fígado de cabrito e ovos. Amassem tudo muito bem, dos ovos só as gemas, adicionando à mistura cravo-da-índia, canela em pó e açúcar que adoce.

A seguir, tomem as tripas do cabrito, já bem lavadas, cortando-as em pedaços de uns quatro dedos de comprimento, mais ou menos.

Recheiem essas tripas com a mistura acima, passem-nas em farinha de trigo e levem-nas a fritar em gordura bem quente, colocando-as a escorrer, logo após, numa peneira com papel pardo.

Por último façam uma calda em ponto alto e passem por ela os canudinhos, que em seguida são postos a secar.

Sirvam-nos polvilhados com canela.

Do *Livro de cozinha da infanta d. Maria*

TIGELADA DE LEITE

Batam muito bem quatro ovos com cinco colheres de açúcar, cinco de farinha de carimã e uma pitada de sal. Em seguida untem umas forminhas de barro com bastante manteiga, e coloquem nelas o creme, levando ao forno para assar, com um pouquinho de manteiga por cima.

Adaptado do *Livro de cozinha da infanta d. Maria*

Aves

✦ Macucaguá

Uma das aves mais apreciadas na mesa quinhentista era o macucaguá, também conhecido como macuco (*Tinamus solitarius*) e hoje ameaçado de extinção. Gândavo é o primeiro a descrever a ave, e diz que são maiores que galinhas e têm "três ordens de titelas (peitos)": "São mui gordas e tenras, e assim os moradores as têm em muita estima, porque são elas muito saborosas e mais que outras que entre nós se comem." Os demais cronistas comparam o tamanho do macucaguá ao do pato e sua aparência à de um faisão, apesar de acinzentado. Todos enfatizam a boa quantidade de carne que a ave oferecia ("maior que um capão", dizia Jean de Léry) e o fato de porem entre 13 e 15 ovos verdes e grandes.

> *Esta ave é maior que nenhuma galinha de Portugal; parece-se com faisão, e assim lhe chamam os portugueses, tem três titelas uma sobre a outra, e muita carne, e gostosa, põe duas vezes no ano, e de cada vez treze ou quinze ovos.*
>
> Fernão Cardim

Gabriel Soares de Sousa, o grande entendedor, explica que o peito é tenro como perdiz, mas que o resto da carne é um pouco dura quando assada, recomendando, por isso, que a preparassem cozida. No século XVI ainda não se encontram referências a um prato que séculos depois faria a delícia dos brasileiros: a canja de macuco.

MACUCO COZIDO E ENSOPADO

Levem a cozer o macuco temperado com sal, salsa, coentro, hortelã, cebola e um pouco de vinagre. Assim que estiver cozido, retirem-no do seu caldo, o qual é coado e posto a ferver em outra panela. Nesse caldo ponham meia dúzia de ovos batidos, gemas e claras, ao qual se misturam ainda quatro gemas cozidas. Batam tudo muito bem, para que adquira uma certa liga. Ponham o macuco numa travessa funda, sobre fatias de pão, e derramem por cima o caldo de ovos. Coloquem ovos cozidos em volta, e polvilhem com canela.

Adaptado do *Livro de cozinha da infanta d. Maria*

✦ Mutum

O sabor, segundo alguns, parecia-se com carne de peru, "muito bom" ou "excelente". No tamanho, algo como um pavão. Pretos nas costas, as barrigas brancas, com uma "crista de galo espargida de branco e preto", dizia-se que eram raros. Mas havia quem criasse em casa, pois eram muito domesticáveis.

Os ovos eram um capítulo à parte. Muito alvos, do tamanho de ovos de pata, e "sarabulhentos", ou seja, "tão crespos da casca como confeitos", e "tão rijos que batendo um no outro, tinem como ferro", conta Fernão Cardim, o primeiro a descrevê-lo. A clara lembrava banha de porco e "enfastiava" muito.

Os mutuns, assim como os macucaguás, eram mortos a flechadas ou caçados com cães.

Existem aproximadamente dez espécies de mutum no Brasil, ave da família dos cracídeos hoje ameaçada de extinção.

Jacu

"Posso assegurar que não há melhor carne", sentencia o francês protestante Jean de Léry, que identifica três espécies: o jacutinga (*Pipile jacutinga*), o jacupema (*Penelope superciliaris*) e o jacuaçu (*Penelope obscura*), todas de plumagem negra e que, segundo ele, pareciam pertencer à família dos faisões (na verdade são da família dos Cracídeos, dos gêneros Penélope e Pipile). Havia também quem achasse o jacu parecido com as "galinholas de Guiné", que hoje chamamos de galinha-d'angola. Ambrósio Fernandes Brandão sustentava que os jacus eram muito mais saborosos que as galinhas, mesmo "que sejam muito gordas", e afirmava que havia "grande multidão" dessas aves pelos "bosques e campos". Os índios eram consumidores e os pegavam no mato a flechadas. Os portugueses, também adeptos, estavam tão familiarizados que os chamavam de "galinhas-do-mato".

Com relação ao jacu, Gabriel Soares de Sousa faz as mesmas observações feitas sobre o macucaguá: apesar de o peito ser macio e bom como de perdiz, e da mesma cor, o resto da carne é dura para ser assada, e ele recomendava que fosse cozida, pois então ficava "muito boa".

Perdiz

Fernão Cardim diz que "nesta terra há muitas espécies de perdizes que ainda que se não pareçam de todo com as de Espanha, todavia são muito semelhantes na cor, e no gosto, e na abundância". O jesuíta, como vemos, era um apreciador dessas pequenas e tenras aves, ao contrário do senhor de engenho Gabriel Soares de Sousa, que, sempre tão pródigo nos comentários sobre animais e peixes, é extremamente econômico no que se refere às aves, e praticamente ignora as várias espécies de perdizes brasileiras, descrevendo sumariamente apenas duas, a inhambu (designação genérica dessas aves, da família dos Tinamídeos, dos gêneros Tinamus e Crypturellus, das quais existem várias espécies) e a inhapupé. Segundo Soares de Sousa, inhambu era uma ave da cor e do mesmo tamanho da perdiz, de pés e bico vermelhos, com um "grande peito, cheio de titelas muito tenras e saborosas". A inhapupé, ao contrário, era do tamanho de "uma franga", punha muitos ovos, mas a carne era "muito dura", e por isso, deveria ser comida cozida. Ambrósio Fernandes Brandão não era da mesma opinião e considerava as inhapupés as melhores de todas. E sobre os inhambus, dizia: "Não invejam em bondade, gosto e sabor aos tão estimados faisões da Europa."

TIGELADA DE PERDIZ

Partem-se em pedaços uma perdiz mal assada. À parte, numa caçarola, prepara-se um refogado com azeite ou manteiga, cebola picada, cravo, pimenta e açafrão. Passam-se os pedaços da perdiz na farinha de trigo e em seguida arrumam-se na panela, onde já está o refogado. Toma-se vinagre misturado com água, e deita-se essa mistura na panela, onde já está a perdiz, de modo que atinja o meio do recipiente. Sal a gosto. Leva-se a cozinhar em fogo brando.

Do *Livro de cozinha da infanta d. Maria*

Jean de Léry, um arguto observador de aves, identifica o inhambuguaçu (*Crypturellus obsoletus*), descrevendo-o como uma "perdiz de grande porte, quase como as perdizes da França", e o pequeno inhambumirim (*Crypturellus tataupa*), que julgava muito saboroso.

Pombas e rolas

Caça que se encontrava em "grande abundância nas matas, nas praias e nas margens dos rios e lagoas", segundo Jean de Léry, que afirma que uma das espécies então conhecidas, o paiacuçu, "vale uma rola". Comum na mesa brasileira da época, a carne dos picuís (rolinhas, *Columbina picui*) e dos picaçus (designação genérica para as pombas silvestres brasileiras) era considerada tenra e saborosa por todos os que escreveram sobre elas. Diz o autor do *Diálogo das grandezas do Brasil* que "as rolas sem conta, assaz gordas" eram capturadas com pouquíssimo trabalho: "E assim ficam servindo, quase como as domésticas, aos moradores da terra."

> *Há nesta terra muitas espécies de rolas, tordos e melros, e pombas de muitas castas, e todas estas aves se parecem muito com as de Portugal; e as pombas e rolas são em tanta multidão que em certos campos muito dentro do sertão são tantas que quando se levantam impedem a claridade do sol, e fazem estrondo, como de um trovão; e põem tantos ovos, e tão alvos, que de longe se vêem os campos alvejar com os ovos como se fosse neve.*
>
> Fernão Cardim

Conheciam-se várias espécies. O padre Francisco Soares fala do picaçu e de outras hoje difíceis de serem identificadas, como o picaçuete, o picaçupitanga, o ajuberaba e o ipepotinga. Gabriel Soares de Sousa refere-se, entre outras, ao pairari, também conhecida como avoante (*Zenaida auriculata*), "do tamanho, cor e feição das rolas", que se criavam em casa, e cujo peito era apreciado por ser "muito cheio e de boa carne"; descreve também o juriti (pomba-juriti, *Leptotila rufaxilla*), de cor "aleonada" (fulva), "cuja carne é muito tenra e boa".

PASTÉIS DE POMBINHOS

Tomem os pombinhos já limpos e dêem-lhes uns cortes na carne, colocando dentro fatias de toucinho. Temperem-nos a gosto, levando-os ao fogo, a cozer. Façam a massa de pastelão e coloquem dentro os pombinhos, com caldo de vaca, de carneiro ou de galinha, e um pouco de agraço [suco de uva verde] ou caldo de limão. Cubram tudo com a mesma massa do pastelão e levem a forno brando.

Do *Livro de cozinha da infanta d. Maria*

Pato

Além das galinhas, trazidas pelos portugueses, os índios criavam patos nativos do Brasil, que chamavam de ipeca (*Cairina moschata*). Segundo Jean de Léry, esses patos não eram empregados na alimentação indígena. Entretanto, Cabeça de Vaca, ao visitar outras populações indígenas, conta que os patos tinham uma dupla finalidade: "Além de serem utilizados para comer, servem para eliminar os grilos que existem por ali em uma quantidade impressionante."

Segundo Gabriel Soares de Sousa, eram abundantes nos rios e nas lagoas, e além de parecidos com os da península ibérica, eram maiores. Gândavo diz que os patos e gansos brasileiros não eram menos "saborosos e sadios" que os europeus, e que os moradores os tinham "em mais estima".

Papagaio

Os índios apreciavam a carne. Os europeus, a princípio, estimavam mais sua plumagem, suas variadas cores, além de sua habilidade em falar. Os papagaios foram uma das primeiras mercadorias brasileiras valorizadas na Europa, e atingiam um alto valor, sendo comercializados desde os primórdios. Havia, segundo vários relatos, uma infinidade desses pássaros, assim como várias espécies. O que é pouco conhecido é o emprego do papagaio na alimentação entre os colonos e viajantes do Brasil do século XVI.

Explica o padre José de Anchieta: "Os papagaios, mais abundantes do que aí [Portugal] os corvos, são de diversos gêneros, todos se podem comer, uns ajudam a prender o ventre, outros imitam vozes humanas." O francês Jean de Léry confessa que achou a carne "um tanto dura", mas mesmo assim a ave esteve presente no cardápio dos moradores da França Antártica: "Como sabe a perdiz, nós a comíamos sempre." O padre Fernão Cardim gostava: "É boa carne." Também os ingleses apreciaram o petisco. William Davies, um cirurgião-barbeiro de Londres, que participou de uma via-

> *Não obstante a fome, durante a qual, como já disse, foram comidos todos os bugios e papagaios que trazíamos, guardara eu até então uma dessas aves, grande como um pato, bom falador e de linda plumagem, porque desejava com ela presentear ao senhor almirante; mas tal foi a necessidade, que não pude conservá-la mais tempo e teve a mesma sorte das outras. Jogadas fora as penas, serviram o corpo, as tripas, os pés, as unhas e até o bico adunco de alimento durante três ou quatro dias para mim e alguns amigos.*
>
> Jean de Léry

gem ao rio Amazonas, nos conta: "Os papagaios são mais abundantes aqui do que os pombos na Inglaterra, e de carne tão boa quanto a dos pombos, eu freqüentemente comi dela."

Gabriel Soares de Sousa, o grande gourmet de nossos primeiros tempos, gostava dos grandes ajuruaçus (também conhecidos por papagaios-moleiros, *Amazona farinosa*), "verdes, do tamanho de um pato, que se fazem domésticos e falam muito bem". E explica por quê: "São muito gordos e de boa carne, e muito saborosos, mas hão de ser cozidos." Segundo ele, também se comiam os coloridos ajuretés (papagaios-verdadeiros, *Amazona aestiva*), e, na falta de coisa melhor, também serviam de refeição os curicas (*Pionopsitta caica*) e os maracanãs (várias espécies dos gêneros Propyrrhura, Diopsittaca e Aratinga), ambos de carne dura.

Emas

De carne dura, mas "muito gostosa", segundo Gabriel Soares de Sousa, e com gosto de carne de vaca, segundo o padre Francisco Soares, as emas (*Rhea americana*) também eram valorizadas por seus grandes ovos. O jesuíta observou que por serem "muito domésticas", seria possível fazer criações dessas grandes e espaçosas aves, sugestão que demo-

> *Chamam-se emas, as quais terão tanta carne como um grande carneiro, e têm as pernas tão grandes, que são quase até os encontros das asas da altura de um homem. O pescoço é mui comprido em extremo, e têm a cabeça nem mais nem menos como de pata; são pardas, brancas, pretas e variadas pelo corpo de umas penas mui formosas que cá entre nós costumam servir nas gorras e chapéus de pessoas galantes e que professam a arte militar.*
>
> Pero de Magalhães de Gândavo

raria séculos para ser acatada (as emas fornecem não apenas carne, mas também penas e couro). Ainda segundo Francisco Soares, os índios acreditavam que morreriam se as criassem: "tinham agouro", como se dizia naquela época.

Outras aves

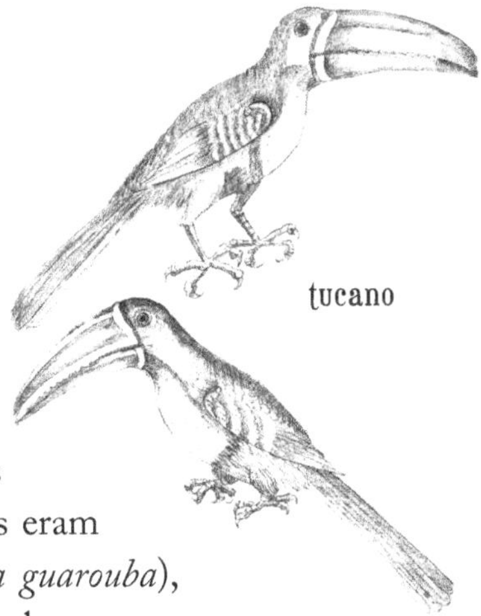

tucano

O que mais encantava europeus e colonos, no que se refere às aves brasileiras, era a sua imensa diversidade e suas diferentes e multicoloridas plumagens. Era hábito criar em casa tanto os papagaios, valorizados por suas cores e pela capacidade de falar (português, francês e tupi), quanto belas aves dos mais variados tipos, canoras ou não. Algumas eram raras e caras, como os guigrajubas (*Guaruba guarouba*), lindos e tristes pássaros amarelos que não se achavam, segundo o padre Fernão Cardim, "senão em casa de grandes principais", objetos de luxo daqueles primeiros tempos. Os índios, ainda segundo o jesuíta, também alimentavam o próspero comércio de aves, e davam de duas a três pessoas como escravos em troca de um quereiuá (*Cotinga maculata*) de plumagem azul e roxa. As coloridas penas eram apreciadas não só por índios, mas tinham um mercado certo também na Europa, onde atingiam alto preço e onde iam enfeitar os chapéus da nobreza, dos ricos comerciantes e das cabeças coroadas.

tucano

Em meio a tantas "obras-primas" da natureza, para usar uma expressão que os franceses empregavam com relação aos pássaros brasileiros, é compreensível que, nas descrições que chegaram até nós, o aspecto estético

jaburu

e comercial prevaleça sobre o gastronômico. Mesmo assim, apesar de não tão ricas como as referências a plantas e a animais, temos um elenco das aves empregadas na alimentação.

O tabujajá, ou maguari (cegonha brasileira, *Ciconia maguari*), de plumagem branca e cauda negra, era, segundo Gabriel Soares de Sousa (o primeiro a descrevê-lo), muito maior que um pato, tinha a carne dura, "mas boa para comer". Também de carne muito dura e magra, o canindé (*Ara ararauna*), ou arara de barriga amarela, era consumido por aqueles que, embrenhados no mato, não tinham outra coisa para comer. A elegante saracura (*Ludwigia repens*), com suas longas pernas, era apreciada na mesa quinhentista por suas "tenras titelas" e também pelo resto da carne, igualmente macia.

Os tucanos são sempre citados com admiração, devido a suas cores e a seu bico, embora André Thevet, que ofertou ao rei da França um chapéu com as penas da ave, observe que "o tucano é incrivelmente disforme e monstruoso". A carne desse monstro do Novo Mundo era considerada dura. O único a dizer que "são bons para comer" é o padre Fernão Cardim.

Muito apreciados eram os pequenos urus (*Odontophorus capueira*), também conhecidos como capoeira. De cor preta e "bico revolto", tinham um peito generoso, "cheio de titelas" e carnudo, e eram todos tenros e saborosos "como galinha".

Ambrósio Fernandes Brandão, o autor do ufanista *Diálogo das grandezas do Brasil*, é um dos únicos a deixar registros do emprego do feíssimo jaburu (*Jabiru mycteria*) na alimentação. Descreve-o como muito maior que um pavão, e suficientemente grande para satisfazer o apetite de "meia dúzia de companheiros, posto que famintos, por ser carne assaz saborosa".

cegonha, ou tabujá
ou ainda maguari

Galinhas e perus

Na Europa do Renascimento, a carne da galinha não era um alimento cotidiano, mas uma comida especial, que se dava aos doentes – como podemos observar pela receita do *Livro de cozinha da infanta d. Maria* intitulada "Frangos para o hécticos" (tuberculosos) – ou era comida em dias importantes e por pessoas igualmente importantes. O manjar branco, um dos pratos mais refinados da época, levava, como ingrediente principal, peito de galinha.

A galinha foi um dos primeiros animais europeus a serem introduzidos no Brasil, e já estava na armada de Pedro Álvares Ca-

MANJAR BRANCO

Cozinhe-se demoradamente um peito de galinha em água pura, de tal modo que se possa desfiar com facilidade. Em seguida coloque-se esse peito desfiado numa vasilha com água fria. Tomem-se 450 gramas de arroz bem lavado e seco com um pano, pise-se-o muito bem, e coe-se-o numa peneira bem fina. Num tacho deite-se 1,4 litro de leite, adoçando-o com 200 gramas de açúcar. A esse leite ajuntem-se então o peito da galinha, um pouco socado, a farinha de arroz e sal a gosto. Leve-se tudo ao fogo brando, mexendo sem parar. Quando o creme estiver quase cozido, é bom prová-lo, para ver se necessita de mais açúcar. Depois de pronto tire-se o tacho do fogo, continuando-se a bater o creme por mais alguns minutos. Sirva-se em tigelinhas, com açúcar por cima.

Do *Livro de cozinha da infanta d. Maria*

bral. Os índios se assustaram com o animal, que julgaram estranhíssimo. Mas logo já o estavam criando pelos matos adentro. Não comiam nem o bicho nem os ovos, porém. Apenas usavam como moeda, para vender aos colonos e viajantes em troca de mercadorias. Conta o francês Jean de Léry: "As galinhas se multiplicaram entretanto de tal forma nesse país que há localidades ou aldeias pouco freqüentadas pelos estrangeiros onde por uma faca do valor de um carolus se tem uma galinha da Índia (galinha-d'angola), e por cinco ou seis anzóis se obtém três a quatro galinhas pequenas comuns." Ainda segundo Léry, as galinhas-d'angola eram chamadas de arinham-açu e as galinhas comuns, de arinham-mirim.

FRANGOS PARA OS HÉCTICOS

Criem separados uma dúzia de frangos, cujo único alimento consiste de titela [peito] de cágado, cozida ou cevada; esse alimento deverá ser sempre fresco. Diariamente cozinhe um frango em pouca água, até desmanchar. Em seguida esprema a carne, que saia todo o suco; coe o caldo e leve-o novamente à panela com uma colher de açúcar rosado. Deixe ferver um pouco, coe novamente, e estará o caldo pronto.

Do *Livro de cozinha da infanta d. Maria*

Criadas nas vilas e sertões brasileiros, nossas galinhas eram, segundo muitos contam, "maiores e mais gordas que as de Portugal", além de muito saborosas. E também nos galos não tínhamos rival, segundo Gabriel Soares de Sousa. A única exceção é o depoimento do padre Fernão Cardim, que, apesar de admitir que as galinhas daqui eram maiores que as da Europa, afirmou que "não é a carne delas tão gostosa como no Reino".

Havia pombos europeus, mas ainda não conseguiam se multiplicar, pois seus ovos eram atacados por cobras. Patos e gansos, "excelentes de comer", também se deram muito bem nos trópicos e forneciam carne "gorda e saborosa". Tínhamos também muitos "galos do Peru", que hoje conhecemos simplesmente por peru (*Meleagris gallopavo*), vindos da América espanhola e perfeitamente adaptados por aqui, de carne "gorda e saborosa", e, segundo Cardim, presentes em todos os banquetes da época.

A seguir vão duas receitas de galinha (a mourisca e a albardada), que só se preparavam na casa de "principais", como se costumava dizer na época, e em ocasiões muito especiais. Essas receitas, do *Livro de cozinha da infanta d. Maria*, do século XVI, aparecem também no livro de cozinha de Domingos Rodrigues, publicado em 1680, e ainda eram preparadas, nas grandes e abastadas casas, durante o século XIX.

GALINHA ALBARDADA

Asse uma galinha muito bem e corte-a em pedaços. Passe então os pedaços em ovo batido e leve-os a fritar em manteiga. Tome fatias de pão passadas no ovo e frite-as em manteiga, tal qual a galinha. Passe tudo em açúcar, e arrume numa vasilha, as fatias de pão no fundo. Polvilhe com açúcar e canela.

Do *Livro de cozinha da infanta d. Maria*

GALINHA MOURISCA

Tome uma galinha crua e faça-a em pedaços. Em seguida prepare um refogado com duas colheres de manteiga e uma pequena fatia de toucinho. Deite dentro a galinha e deixe-a corar. Cubra a galinha com água suficiente para cozê-la, pois não se há de deitar-lhe outra. Estando a galinha quase cozida, tome cebola verde, salsa, coentro e hortelã, pique tudo bem miudinho e deite na panela, com um pouco de caldo de limão. Acabe de cozinhar a galinha muito bem. Tome então fatias de pão e disponha-as no fundo de uma terrina, e derrame sobre elas a galinha. Cubra com gemas escalfadas [escaldadas] e polvilhe com canela.

Do *Livro de cozinha da infanta d. Maria*

✦ Alcatraz

Nas grandes fomes que naus de várias nacionalidades padeciam nos mares do Sul, comia-se de tudo. Entre os petiscos de ocasião encontrava-se o alcatraz, também conhecido como atobá (*Sula leucogaster*), ave marítima que deu nome ao arquipélago de Alcatraz, em São Sebastião, estado de São Paulo, devido à imensa população dessas aves no local. Pero Lopes de Sousa, a 10 de agosto de 1531, conta como, em sua navegação de reconhecimento pela costa do Brasil, toparam com uma ilha, a caminho de São Vicente, provavelmente do arquipélago de Alcatraz, onde acharam tantos alcatrazes "que cobriam a ilha". Pero Lopes foi até a nau capitânia pegar seu irmão, Martim Afonso de Sousa, e juntos desembarcaram: "Matamos tantos rabiforcados e alcatrazes que enchemos o batel deles." Suprimento suficiente para alguns dias.

Uma das mais curiosas referências à ave marítima é a do corsário inglês Richard Hawkins. Com a tripulação fraca e desnutrida, e sem conseguir alimentos das povoações costeiras, onde eram recebidos como inimigos, Hawkins ancora no mesmo arquipélago e faz com que seus homens e alguns médicos desembarquem. Para curar os homens, e diante de uma multidão de pequenos alcatrazes em seus ninhos, os médicos ingleses mandaram preparar uma poderosa sopa. Ferveram os filhotes de alcatraz com porco em conserva e engrossaram o caldo com farinha de aveia. Com esse poderoso caldo, puderam se restabelecer e tomar o rumo do estreito de Magalhães.

Peixes

✦ Camurupim

O peixe camurupim (*Megalops atlanticus*) é pela primeira vez descrito por Gândavo, grafado como *camboropim*, em 1576: "São quase tamanhos como atuns. Estes têm umas escamas muito duras e maiores que os outros peixes, também se matam com arpões." Por causa das grossas escamas, o arpão precisava atingir determinado ponto vulnerável do peixe para poder capturá-lo. Gândavo fala ainda da necessidade de o arpoador colocar-se "em alguma ponta ou pedra, ou em outro qualquer posto acomodado a essa pescaria". O cronista exalta suas qualidades: "É um dos melhores peixes que há nestas partes, porque além de ser gostoso, é também muito sadio e mais enxuto de sua propriedade que outro algum que na terra se coma."

O padre Fernão Cardim acrescenta outras informações sobre o camurupim, também conhecido como tarpão, "um

CONSERVA DE PEIXE

Ponham em conserva de vinho, vinagre, alhos, oregãos e sal, duas postas de peixe que quiserem, por espaço de duas horas. Tirado o peixe da conserva, assado, e posto no prato, façam-lhe um molho de uma pouca de conserva em que esteve, com um golpe de azeite, deitando-o por cima do peixe, mande-se à mesa.

Esta conserva serve para todos os peixes.

Da *Arte de cozinha*, de Domingos Rodrigues

reais e estimados [peixes] nestas partes". Se Gândavo havia dito que é "mais enxuto de sua propriedade", Cardim afirma que sua carne "é toda de febra em folha, cheia de gordura e manteiga e de bom gosto", embora afirme também que, por causa de suas espinhas, "é perigoso ao comer". Fazia-se muita manteiga de camurupim, que era usada para frigir outros pescados. Quanto ao tamanho desse peixe, Gândavo o compara ao atum, mas Cardim viu alguns bem maiores, pois diz que "é peixe comprido de até doze e treze palmos, e de boa grossura e têm bem que fazer dois homens em levantar alguns deles."

Gabriel Soares de Sousa corrobora, afirmando que o peixe é tão grande que "dois índios não podem com um às costas atado num pau". O cronista da Bahia é o primeiro a falar das ovas "tamanhas que enchem um prato grande cada uma delas."

Em *Cousas notáveis do Brasil*, Francisco Soares reitera informações dos cronistas anteriores, mas acrescenta que o camurupim "tem a escama como a palma da mão grande e se pode fazer delas boas armas".

Jean de Léry fala do camurupim ao tratar das danças dos índios: "O camuroponi-uassu é um peixe muito grande a que os tupinambás fazem menção em suas danças e cantos, repetindo muitas vezes: '*pirá-uaçu a uéh camurupií-uaçu...*', o que quer dizer 'bom de comer'."

Em seu *Diálogo das grandezas do Brasil,* Ambrósio Fernandes Brandão não se limita a escrever sobre o tamanho e a utilidade desse "pescado grande e de bom comer". O cronista encanta-se com o que vê entre esses peixes: "Vi fazer uma cousa estranha, na qual me mostraram claramente haver também amor entre estes mudos nadadores."

O camurupim espalha-se dos Estados Unidos até o Brasil, e também nas costas africanas e do Atlântico europeu. Aqui, é mais abundante no Nordeste. Como se percebe pelas descrições dos cronistas, não era um peixe conhecido dos europeus, mas muito apreciado pelos índios brasileiros.

Bijupirá

Gabriel Soares de Sousa, profundo conhecedor das coisas do Brasil, afirma ser o bijupirá (*Rachycentrus canadus*) "o mais estimado peixe do Brasil." O cronista o exalta na hipérbole tautológica "e tem sabor saborosíssimo". Saborosas também são "as ovas amarelas, e cada uma enche um prato grande". Esses tão admirados peixes "andam pelos baixos ao longo da praia, onde esperam bem que os arpoem". Segundo o cronista, também são pescados com anzol, mas para isso é necessário que o pescador desloque a isca para atraí-los. Como poucos índios conheciam esse expediente, poucos bijupirás eram pescados. Isso, é claro, na opinião do ilustre cronista e, pelo que vemos, experiente pescador.

Quem primeiro escreveu sobre esse peixe foi o padre Fernão Cardim, que o considerou semelhante ao solho de Portugal: "Muito estimado e tido por peixe real; é muito sadio, gordo e de bom gosto, o corpo é redondo, preto pelas costas e branco pela barriga." Também Francisco Soares vê semelhanças entre o solho e o bijupirá.

No *Diálogo das grandezas do Brasil*, o peixe, registrado vejupirá, é o mais louvado: "Pode levar a palma a todos em bondade." Francisco Soares assegura que tem "soberano sabor", e apreciava sobretudo a cabeça, "cujos ossos são muito tenros e desfazem-se na boca em manteiga".

Como vemos, entre o camurupim e o bijupirá não havia unanimidade sobre qual o melhor peixe nacional. Velhas contendas gastronômicas do Brasil colonial.

Escabeche

Ferva-se em uma tigela um pouco de vinagre destemperado em água, um pouco de azeite, sal e folhas de louro, sumo de limão e de lima e gengibre pisado com as mais espécies pretas. Quando isto tiver fervido, tempere-se do que lhe for necessário, provando-o, para que não fique forte o escabeche. E sempre se fará a quantidade conforme for a do peixe.

Da *Arte de cozinha*, de Domingos Rodrigues

✦ Tambuatá

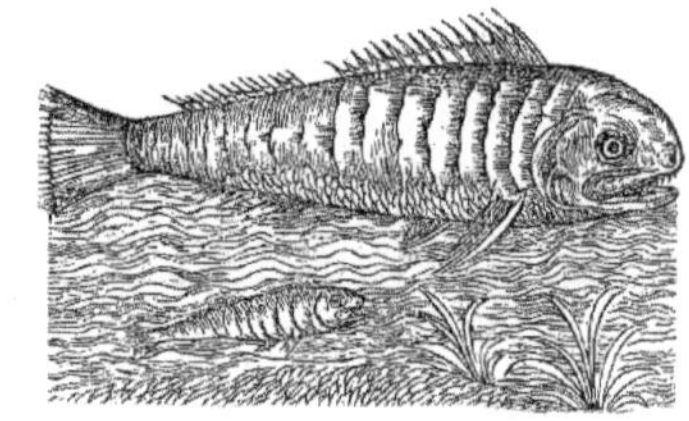

O primeiro a falar desses peixes foi Gândavo, que os chama de tamuatás. São de água doce, do tamanho de sardinhas, e se destacam dos demais pela carne de uma cor amarelo-alaranjada muito forte. Estimados pelos índios por serem muito saborosos, hoje são ingrediente de um saboroso tucupi do Norte brasileiro.

Gândavo, como os demais cronistas (Gabriel Soares de Sousa, Francisco Soares, André Thevet e Jean de Léry), descreve as escamas com que tais peixes se armam como lâminas de proteção. Com exceção de André Thevet, que provavelmente nunca o experimentou – já que escreve "parece tratar-se de um peixe bom de comer" –, os outros demonstram conhecimento e aprovação do sabor do tambuatá. Gândavo opina: "muito saboroso"; Gabriel

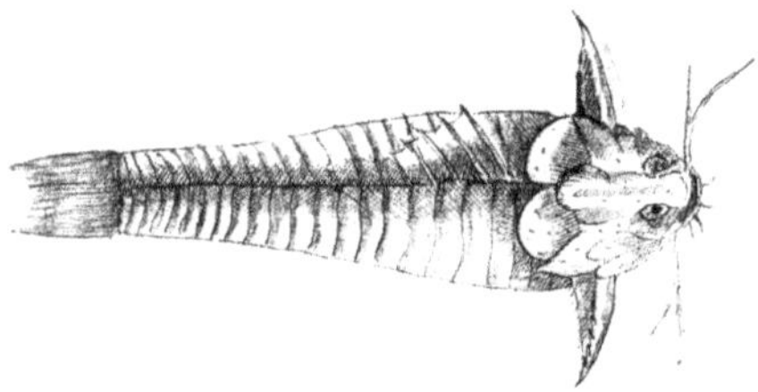

> *Em suma, trata-se este [Cabo Frio] de um lugar aprazível e fértil. E quando se penetra no interior, depara-se com uma extensa planície, coberta de árvores diferentes das nossas da Europa e cortada por belos rios piscosos, de águas maravilhosamente límpidas. Entre os peixes destes rios, descreverei um que pode ser considerado como verdadeiramente monstruoso, considerando que se trata de um peixe de água doce. Consta deste volume sua gravura, sendo ele de fato tal e qual nela o representamos. Seu comprimento e seu volume são pouco menores que os do nosso arenque. É revestido de placas, desde a cabeça até a cauda, assim como um pequeno animal terrestre que os selvagens chamam de tatu. Tem a cabeça bem mais volumosa que o corpo e possui três ossos na espinha. Parece tratar-se de um peixe bom de comer, ou pelo menos é isto o que pensam os selvagens, que o chamam em sua língua de tamuatá.*
>
> André Thevet

Soares de Sousa: "muito gostoso e sadio"; Jean de Léry: "a carne é tenra e muito saborosa."

É interessante observar que a tendência natural que leva os cronistas a estabelecerem comparação entre as novidades do Brasil e as coisas da Europa não ocorre em relação ao tambuatá (*Callichthys callichthys*), peixe coberto de placas ósseas duras. O animal a que o comparam é o brasileiríssimo tatu. Isso acontece em Gândavo – "andam armados da maneira dos tatus" – e em Léry: "como um pequeno animal terrestre que os selvagens chamam de tatu".

Olho-de-boi

Os peixes eram tão mais apreciados quanto mais gordos eram. Veja o que dizia o padre Fernão Cardim sobre o olho-de-boi (*Seriola lalandi)*, que ele achava parecido com os atuns: "É muito gordo, tem às vezes entre folha e folha gordura de grossura de um tostão; tiram-se-lhe lombos e ventrechas como aos atuns, e deles se faz muita e boa manteiga, e lhe tiram banhas como a um porco." E resume: "É peixe estimado, e de bom gosto." Além disso tinha olhos "propriamente de boi", daí também seu nome, e eram saborosos. A banha dos peixes, como vemos, era um ingrediente muito apreciado na cozinha colonial de nosso primeiro século.

Peixe-serra

Chamado pelos índios de araguaguá, com pele e aspecto de tubarão, era considerado um peixe de carne "seca". Costumava-se cortá-lo em tassalhos e depois era seco. O peixe-serra (*Pristis microdon*) era muito usado para a alimentação da "gente de serviço", ou seja, de escravos e demais empregados. Os grandes fígados serviam para óleo de candeia e para a calafetação de barcos.

> *Neste mar há peixes voadores, assim como outros peixes grandes e maravilhosos, baleias e outros que se chamam Schubbut, porque têm na cabeça um grande disco com o qual, dizem, podem tornar-se muito perigosos e daninhos com outros peixes com os quais se enfrentam. É um peixe grande e mau. Também há outros que têm um osso com a forma de uma faca, e que em língua espanhola se chamam peixe-espada; outros têm serras, que também são grandes, e se chamam peixe-serra, assim como muitos outros, estranhos e grandes, que não posso descrevê-los todos.*
>
> ULRICO SCHMIDEL

Carapitanga

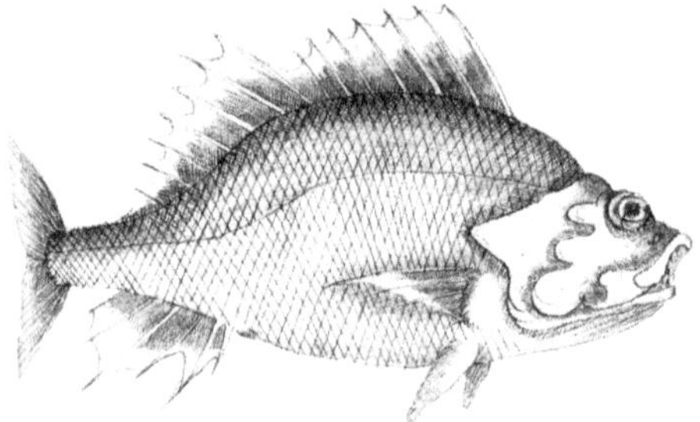

Alguns eram grandes como pargos, outros um pouco menores, e todos eram vermelhos (como diz seu nome tupi, *pitanga*). Muito apreciados, principalmente os "gordos", e considerados muito sadios, ficavam especialmente saborosos quando "salpresos", isto é, salgados.

Conta o cosmógrafo francês André Thevet que, chegando a Araruama, na capitania do Rio de Janeiro, em um canal que liga a lagoa ao mar, encontraram "diversas espécies de peixes de boa qualidade, destacando-se as 'mulatas', que são tantas que de certa feita vimos um selvagem pegar mais de mil deste peixe com um só lanço de rede!" Mulata é um dos muitos nomes desse belo peixe vermelho.

Sob o nome genérico de carapitanga, também conhecido como vermelho (*Lutjanos vivanus*) ou cioba (*Rhomboplitesm aurorubens*), encontram-se vários peixes da família Lutjanidae.

CARAPITANGA EM GIGOTE

Depois de cozido um carapitanga, piquem-no, e ponham-no a ferver em uma frigideira com azeite, vinagre e pimenta. Logo que acabar de ferver, mandem-no à mesa.

Este gigote serve para todo peixe.

Adaptado da receita de Ciba em Gigote da *Arte de cozinha*, de Domingos Rodrigues

Purá

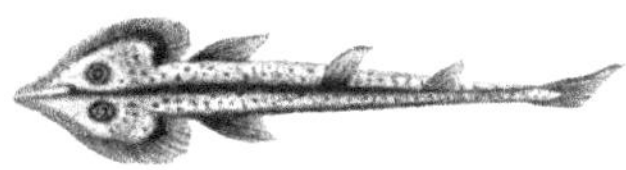

Também conhecido como puraquê ou poraquê (que em tupi significa "fazer dormir", "entorpecer"), é um peixe-elétrico (*Electrophorus electricus*), porém comestível, uma das maravilhas do Novo Mundo descritas pelo padre Fernão Cardim: "Tem tal virtude que quem quer que o toca logo fica tremendo; tomam-se com redes de pé, e se se tomam com redes de mão todo o corpo faz tremer, e pasmar com a dor, mas morto come-se, e não tem peçonha."

Panapaná

Uma espécie de cação (*Sphyrna zygaena*), tem na ponta do focinho uma "roda de meio compasso de palmo e meio e de dois palmos", e grande fígado como os tubarões. "Comem-se os grandes secos em tassalhos e os pequenos frescos, e são muito gostosos e leves, frescos

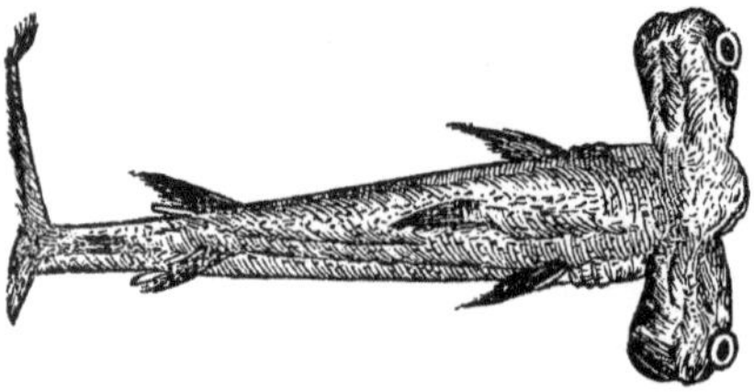

e secos", afirma Gabriel Soares de Sousa. O francês André Thevet, que descreve o peixe como um dos mais impressionantes e monstruosos que tinha visto, diz que "a carne não é lá das melhores", tendo um gosto que lembra a do cação.

> *A fim de não alongar muito o assunto, descreverei especialmente alguns monstruosos peixes cujas gravuras podem ser vistas neste livro, como por exemplo o panapaná, cuja pele é semelhante à do cação, grosseira e áspera como uma lixa. Este peixe possui seis fendas estreitas de cada lado da goela, dispostas do mesmo modo como as da lampreia. A cabeça é tal qual se vê representada na gravura. Os olhos ficam quase nas extremidades da cabeça, a um pé e meio de distância um do outro. Trata-se de um peixe bastante raro.*
>
> André Thevet

Pirambá

Era chamado de peixe-roncador, pois os índios o identificavam pelo ronco, que se ouvia de cima d'água. Conta Fernão Cardim que os pirambás (*Conodon nobilis*) tinham de oito a nove palmos e eram de "bom gosto" e estimados nas mesas coloniais. As duas pedras encontradas na boca desse peixe eram usadas pelos índios como pingentes de colares.

Peixe-porco

Chamado de maracuguara pelos índios, ganharam este nome em português por "roncarem" como um porco debaixo d'água, e são também conhecidos como cangulo (*Balistes carolinensis*). Segundo Gabriel Soares de Sousa, tinham o tamanho e a aparência dos sargos, porém mais carnudos e "tesos", e de bom sabor. Também os grandes e gordos fígados eram apreciados na culinária quinhentista.

Aimorés e aimoreuçus

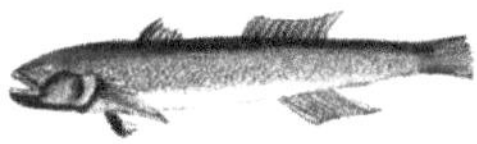

Freqüentes na vazante dos rios, perto do mar, os primeiros parecidos com os então famosos xarrocos de Portugal e os outros com os eirós (enguias) de Lisboa, porém menores mas igualmente escorregadios. Ambos tinham carne "mole", mas muito gostosa quando cozida ou frita, e eram considerados muito leves e sadios. As ovas eram tidas como saborosas mas peçonhentas, ou seja, davam um mal-estar passageiro; mesmo assim, muitos as comiam.

Os aimorés – ou amorés – são provavelmente o *Bathygobius soporator*, freqüente nas poças de marés. Os aimoreuçus, ou aimoré-guaçus (*Chonophorus tajacica*) são uma espécie de moréia.

PEIXE FRITO

Tomem em uma tigela pequena de manteiga e ponham a derreter, e vão frigindo todo o peixe que quiserem. Depois de frito, façam-lhe o molho, pondo manteiga em uma tigela nova, e vão mexendo com uma colher, para que se não corte a dita manteiga, e lhe deitem duas ou três gemas de ovos, conforme a quantidade do peixe, sumo de limão, e deitem tudo em cima do peixe. E com ramos de salsa e rodelas de limão por cima mandem à mesa.

Este molho se faz também para peixe cozido.

Da *Arte de cozinha*,
de Domingos Rodrigues

✦ Parati

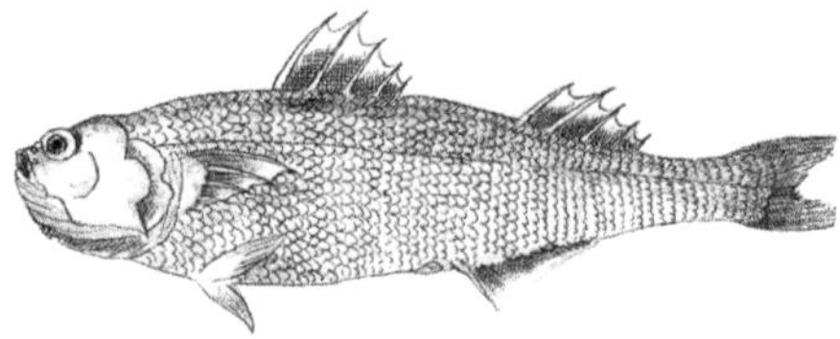

Capturavam-se milhares de paratis (*Mugil curema*), de uma só vez, usando-se um cercado de madeira que fechava a entrada dos rios. Identificados pelos portugueses com as tainhas (*Mugil platanus*), os paratis-fêmea saíam do mar e subiam os rios para desovar – na época chamada de piracema pelos índios e descrita por vários cronistas –, e quando voltavam viam-se presos, e eram imediatamente mortos, salgados e secos, em um dia inteiro de trabalho ininterrupto. Um espetáculo que, segundo o padre Francisco Soares, "é para ver". Esses peixes salgados eram destinados à alimentação dos escravos, assim como as postas secas de peixe-serra.

> *Neste tempo procuram [os índios] uma espécie de peixes que emigram do mar para as correntes de água doce, para aí desovar. Estes peixes se chamam em sua língua paratis e em espanhol* lisas. *Nessa época empreendem eles em geral uma excursão guerreira, a fim de melhor poderem aprovisionar-se de víveres. Pescam grande número de peixes com pequenas redes. Também os atiram com flechas e trazem muitos assados para casa. Fazem também uma farinha a que chama piracuí.*
>
> Hans Staden

Jean de Léry conta que os índios os pescavam à flechadas, quando os paratis subiam os rios, e que a carne era considerada "muito friável", isto é, sem gordura, e por isso costumavam moqueá-los e reduzi-los a farinha. Segundo Léry vários tipos de peixes eram torrados sobre o fogo, e em seguida esmagados, até serem reduzidos a farinha, que então era bem seca a fim de que se conservasse por muito tempo. Essas farinhas de peixe eram comidas juntamente com a farinha de mandioca. No entanto, o francês preferia os paratis assados ou cozidos, como também os índios os comiam.

✦ Albacora

Estimava-se sobretudo as enormes albacoras (*Euthynnus alletteratus*, *Thunnus albacares*), consideradas dos melhores peixes do mar, "de carne tão friável quanto a da truta". Mesmo estando em alto-mar e, portanto, "sem os condimentos necessários para prepará-lo", conta Jean de Léry, as postas de albacoras foram temperadas com sal e assadas na brasa, tendo resultado num prato "excelente e saboroso". E completa: "Se os senhores gulosos perdessem o medo ao mar e fossem aos trópicos apanhá-los, pois tal peixe não se aproxima das praias a distância suficiente para que possam os pescadores apanhá-los, e trazê-los sem que se corrompa, se os senhores gulosos os mandassem preparar com o molho da Alemanha ou de qualquer outro modo, certamente lamberiam os dedos."

Outro francês, André Thevet, também considerava as albacoras os melhores peixes do mundo: "Sua carne é ótima, senão mesmo a melhor de todas as carnes de peixe de água salgada, quer seja dos mares ocidentais, quer seja dos orientais."

✦ Moréia

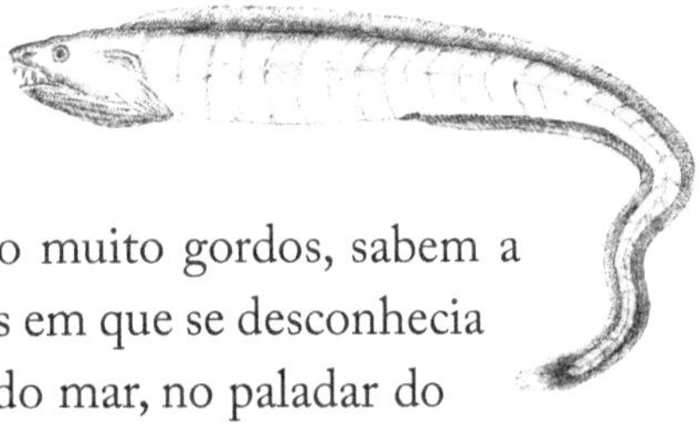

Fernão Cardim, geralmente econômico em comentários gastronômicos, é enfático: "São muito gordos, sabem a leitão" – um elogio supremo naqueles tempos em que se desconhecia os efeitos nocivos do colesterol. Esse leitão do mar, no paladar do padre jesuíta, era, segundo os índios, produto do cruzamento com cobras, e, ainda segundo o depoimento de Cardim, aleijava muita gente: "Há muitos homens aleijados de suas mordeduras, de lhe apodrecerem as mãos ou pernas onde foram mordidos."

Comíamos, mas também éramos comidos.

O caramuru, uma espécie de moréia, peixe ósseo da família dos Muraenídeos, pode ter dado seu nome ao famoso Caramuru, o português Diogo Álvares, casado com a índia Paraguassú, contrariando a tese de frei Santa Rita Durão de que o nome teria sido dado em função de um tiro de mosquetão e da subseqüente interpretação dos índios, que lhe teriam chamado de "filho do trovão". Trata-se de uma hipótese, digamos, ictiológica.

✦ Tubarão

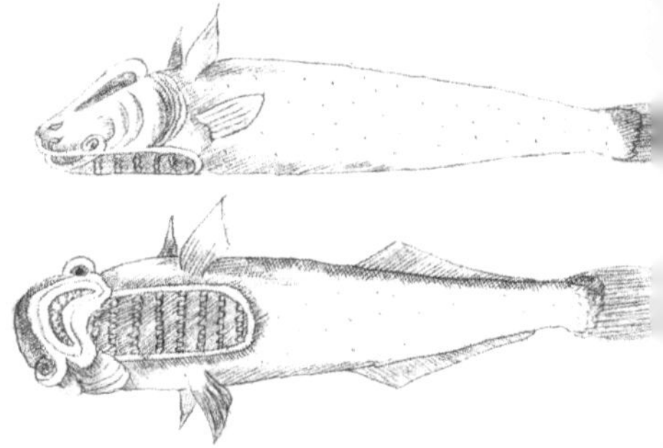

Diz Gabriel Soares de Sousa que os índios gostavam muito da carne do iperu, que era abundante no mar da Bahia. Os colonos não eram apreciadores. A carne do tubarão, depois de seca, era destinada à "gente dos engenhos", aos escravos. Os enormes fígados rendiam muito óleo para candeia e para os engenhos.

Testemunho contrário dá o cosmógrafo francês André Thevet, que escreve sobre o que viu na então França Antártica, atual Rio de Janeiro:

> *Há muitos e de muitas castas; japerujaguara é muito ruim, tem sete ordens de dentes muito horrendos; servem estes dentes para flechas, e tal há que corta pela canela com os dentes uma perna, e assim se achou em meu tempo aí dentro da Bahia, na barriga de um que um homem pescou, uma perna com uma meia calça de um inglês, e foi que, indo ingleses à Bahia, uma nossa embarcação arremeteu a uma sua lancha e a meteu no fundo e matou seis ou sete dos ingleses, e quatro ficaram vivos, e de algum daqueles foi a perna que se achou na barriga do tubarão.*
>
> Francisco Soares

"Os selvagens entram na água para pescar esse terrível peixe inteiramente nus, como aliás sempre estão. Não obstante, temem-no extraordinariamente, e não sem razão: quando este animal consegue pegá-los, arrasta-os para o fundo e os despedaça; ademais, onde quer que morda, sempre arranca um pedaço! Por isso os selvagens evitam comê-lo, mas se porventura o pegam vivo (o que fazem às vezes por vingança), matam-no a flechadas."

Os europeus também não gostavam de tubarão. Conta Jean de Léry que tal carne só era consumida pelos marinheiros em caso de extrema necessidade e na ausência de peixe melhor. "Esses tubarões não servem de alimento e não fazem senão o mal", declara.

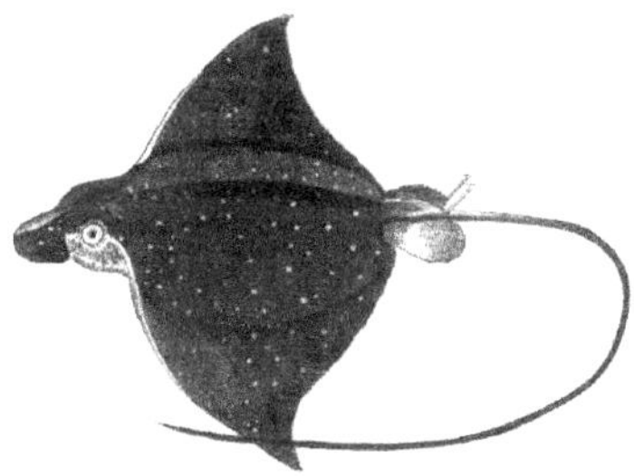

Arraia

Havia no Brasil muita arraia nos mares, e todas eram comidas. Suas várias espécies, grandes ou pequenas, eram todas, como diz Gabriel Soares de Sousa, "muito saborosas e sadias". Jean de Léry dizia que as nossas eram maiores que as da Normandia, da Bretanha "e de

Neste rio [baía de Guanabara] há também grande abundância de raias de uma espécie diferente das nossas: são duas vezes mais largas e mais compridas, com a cabeça chata e alongada, em cuja extremidade existem dois longos cornos, cada qual de um pé de comprimento, no meio dos quais ficam os olhos. Têm seis fendas sob o ventre, todas próximas umas das outras, e uma cauda de dois pés de comprimento, delgada como a de um rato. Os selvagens por nada comeriam estes animais, pela mesma razão por que também não comem a carne das tartarugas: como este peixe caminha muito vagarosamente sob as águas, tornar-se-iam lentos como aqueles que o comessem, transformando-se em presa fácil do inimigo, impedidos que ficariam de correr com ligeireza. Na língua dos indígenas, a raia é denominada inevoneá.

André Thevet

outros lugares da Europa". Perigosas e venenosas, causavam danos aos pescadores, como conta o francês: "Um dia apanhamos uma e ao colocá-la na embarcação aconteceu picar um companheiro nosso na perna; esta logo se tornou vermelha e inchada."

Peixe-voador

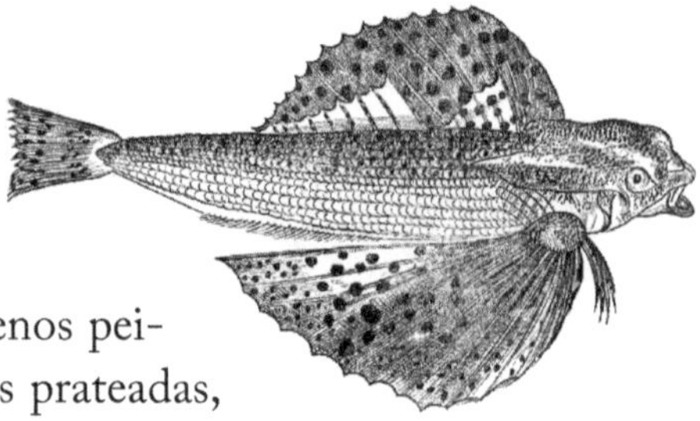

Era a comida voadora. Nos navios, em alto-mar, esses "galantes" e pequenos peixes, de "olhos muito formosos" e asas prateadas, alegravam os marinheiros ao caírem no convés ou entrarem voando pelas janelas dos camarotes. Além de bonitos, eram "bons para comer". Uma festa em alto-mar.

O francês Jean de Léry só acreditou neles depois de ultrapassar a linha do Equador e vê-los com os próprios olhos: "Apanhamos peixes-voadores cuja existência sempre julgara ser peta de marinheiros e que na realidade é certa."

> *Esses peixes são abundantes na faixa compreendida entre os 10 graus aquém e além do Equador. Pode-se vê-los voando alto, sempre fugindo de algum perseguidor ávido por comê-lo...*
>
> *Especialmente à noite, é comum serem avistados enormes cardumes de peixes-voadores, sendo o seu número tão exagerado que muitos deles estão freqüentemente chocando-se contra as velas do navio, caindo depois no convés.*
>
> André Thevet

O cosmógrafo francês André Thevet descreve dois tipos de peixes-voadores. Um grande como um arenque, com quatro asas, duas grandes, como as de morcego, e ainda duas menores, perto da cauda. O segundo tipo, chamados de pirauena pelos índios, diz ele, "lembra uma grande lampréia", e seu vôo é comparado ao de uma perdiz. A espécie menor, segundo Thevet, "voa melhor e mais alto que a grande". A carne dos dois era considerada "delicada e saborosa."

Os peixes-voadores pertencem à família dos Exocetídeos, sendo conhecidas algumas espécies, como o *Hirundichthys affinis*, o *Dactylopterus volitans* e o *Exocoetus volitans*.

> *Tal como na terra fazem cotovias e estorninhos, cardumes de peixes saíam do mar e se erguiam voando fora da água cerca de cem passos e quase à altura de uma lança. E como acontecia freqüentemente baterem alguns nos mastros de nossos navios, facilmente os apanhávamos no convés com as mãos. Este peixe ,conforme o que observei na ida e na volta, é de forma semelhante ao arenque, embora um pouco mais comprido e redondo; tem pequenas barbatanas nas faces, asas imitantes às do morcego, quase tão grandes quanto o corpo, e é de muito bom paladar.*
>
> JEAN DE LÉRY

✦ TAINHAS E OUTROS PEIXES JÁ CONHECIDOS

Era grande a fartura de peixes no mar, como testemunham todos os cronistas. Especialmente ilustrativo é o trecho do diário de navegação de Pero Lopes de Sousa relativo ao dia 16 de outubro de 1531, numa ilha junto ao cabo de Santa Maria: "Fomos com os batéis fazer pescaria e em um dia matamos dezoito mil peixes, entre corvinas e pescadas e anchovas; pescávamos em fundo de oito

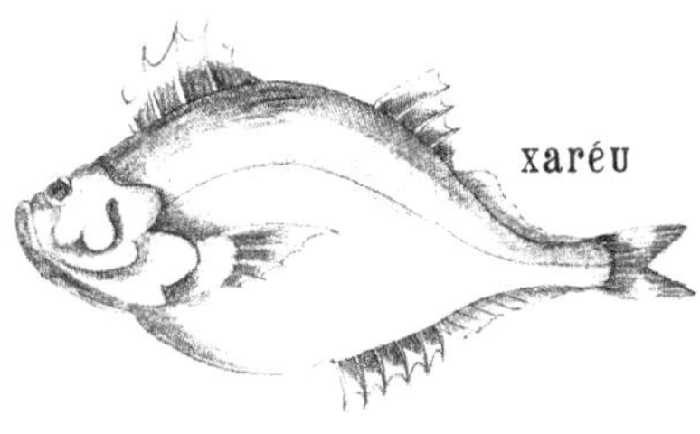

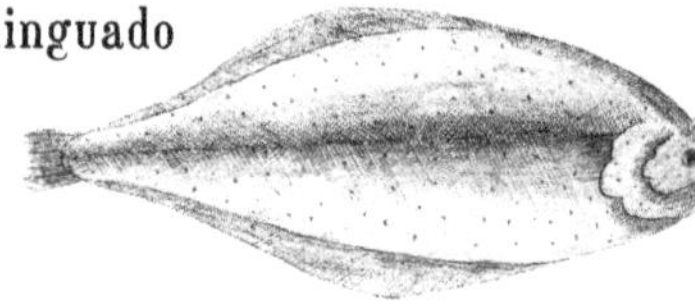

braças; quando lançávamos os anzóis na água, não havia aí vagar de recolher os peixes."

Um dos mais abundantes e mais aproveitados pela população era a tainha. Peixe comum nos países atlânticos, tinha a virtude, como alerta o padre Fernão Cardim, de combater veneno de cobra: "A tainha fresca, posta a carne dela em mordedura de cobra, é outro unicórnio", ou seja, uma panacéia. Eram "infinitas" e pescadas em redes.

Havia aqui também, como no Reino, muitas garoupas, peixes-agulha, pescadas, sardinhas, albacoras, chicharros, cavalas, corvinas, bonitos, dourados, xaréus, cações, bagres, anchovas, além de saborosas e gordas moréias. Enfim, tudo que os portugueses já estavam acostumados a ter em suas mesas.

Contam-se algumas peculiaridades sobre os daqui. Os nossos linguados precisavam ser açoitados antes de serem cozidos ou assados, para que sua carne ficasse mais consistente e rija, e assim melhor para comer; se não fossem submetidos a essa sova, ficavam moles e insossos.

> *Tão grande é a cópia do saboroso e sadio pescado que se mata, tanto no alto-mar quanto nos rios e baías desta província, de que se beneficiam os moradores em todas as capitanias, que esta só fertilidade bastara para sustentá-los abundantissimamente, ainda que não houvera carnes nem outro gênero de caça na terra.*
>
> Pero de Magalhães de Gândavo

As lixas salgadas eram comida de escravos e para "matalotagem da gente que há de passar o mar", e os fígados eram usados para o fabrico de óleo. Eram saborosíssimos os xaréus dos mares da Bahia, que os índios chamavam guiári, principalmente os gordos, considerados muito sadios, assim como os leves e gostosos bagres. Eram especialmente valorizados os pequenos cações, chamados de socuri pelos índios. Abundantes no litoral brasileiro, eram tidos por leves e saborosos, iguais aos que se comiam na Espanha.

> *Nas vizinhanças do Equador encontra-se uma tal abundância de peixes de incontáveis espécies, oferecendo um espetáculo maravilhoso quando aparecem à tona d'água. Tive a oportunidade de vê-los quando faziam tal escarcéu ao redor de nossos navios que só com grande dificuldade conseguíamos escutar o que outra pessoa nos dizia.*
>
> ANDRÉ THEVET

A fartura era muita e a pescaria, uma diversão. Conta o padre Francisco Soares que, ao jogar cinco anzóis, pescou cinco pargos "de palmo e meio, dois palmos", sem nenhum esforço, tal era a quantidade deles no mar. O mesmo padre observava que as sardinhas daqui não eram tão boas como as de Portugal, mas que as melhores eram as do Rio de Janeiro.

Uma curiosidade: enquanto na Europa evitava-se dar peixe aos doentes, por ter fama de causar sarna e "outras enfermidades", aqui era um alimento especialmente recomendado para os acamados. Como esclarecia Cardim: "Todo este peixe é sadio cá nestas partes, que se come sobre leite, e sobre carne, e toda uma quaresma, e de ordinário sem azeite nem vinagre." Ou como festeja Anchieta: "Nesta terra os peixes são muito sadios, podem-se comer todo o ano até na doença, sem mal para a saúde."

Peixinhos de índios

Pequeninos e fáceis de tomar, nas poças das marés vazantes, eram iguaria tipicamente indígena. Enchiam-se os balaios de mirucaias (talvez a *Bairdiella ronchus*), piraquiras, de redondinhos carapiaçabas (*Chaetodon striatus*) e de piquitingas (manjubas). Estes últimos eram assados aos milhares, embrulhados em folhas postas embaixo das brasas, e depois de assados formavam uma massa compacta, com aspecto de "maçaroca".

✦ Peixes tomados em redes

Destaca-se, entre os muitos peixes que surgiam nas redes do Brasil quinhentista, além das onipresentes tainhas, o peixe-galo (*Selene setapinnis*), chamado pelos índios de zabucaí, um dos mais apreciados, tanto pela sua aparência ("alvacento, delgado e largo"), sua boca pequena e sua delicada crista na cabeça, quanto por ser leve e saboroso.

O senhor de engenho Gabriel Soares de Sousa descreve outro peixe muito bem-vindo nas mesas coloniais, a tareira (*Chaetodipterus faber*), quase quadrada e com muita carne no lombo, era igualmente considerada leve e saborosa. Apreciadíssimos ainda eram uns peixes parecidos com tainhas chamados coirimás (ou curimaís, *Mugil liza*), admirados por sua gordura, suas "banhas", seu sabor e suas grandes ovas. Já os araburis (talvez o *Seriola fasciata*), parecidos com as savelhas de Lisboa e com muitas espinhas, eram comidos salpresos, e tinham o gosto muito semelhante ao das sardinhas de Portugal.

✦ Peixes medicinais

Segundo Gabriel Soares de Sousa alguns peixes das nossas costas eram especificamente recomendados aos doentes, por sua carne saborosa e leve: o jaguaraçá (*Holocentrus ascensionis*) de fígado vermelho, o piraçaquem (espécie de congro, do gênero Conger) sem escama, o bodião de carne mole (da família dos Escarídeos), o tucupá (espécie de corvina, do gênero Micropogonias), e os azulados guaibiquatis (peixe de difícil identificação).

✦ Outros peixes

pescada-bicuda, ou cupá

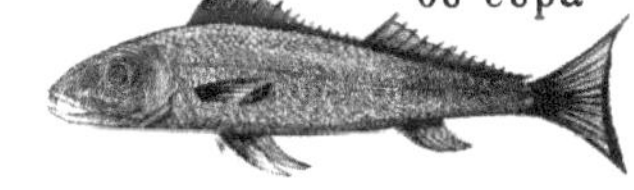

mero

ubarana

Segundo Jean de Léry, que elogia sobretudo os peixes de alto-mar, não existe nenhum melhor do que o dourado (*Coryphaena hippurus*): "Reputo-o não só melhor do que todos os outros mencionados, mas ainda mais saboroso do que qualquer peixe de água doce ou salgada."

Os bonitos (peixes da família dos Escombrídeos) e os camurins (robalos, do gênero Cantropomus) dividiam opiniões. Alguns não os consideravam bons para comer, mas o francês Jean de Léry disse que os bonitos que capturaram em alto-mar no Brasil "são os melhores ao paladar e muito parecidos com as nossas carpas comuns".

Os meros (*Epinephelus itajara*) eram tão grandes, conta Gabriel Soares de Sousa, que "por façanha se meteu já um negrinho de três anos dentro da boca de um destes peixes". Estimavam-se sobretudo os fígados dos cunapus (seu nome tupi) servidos "salpimentados", ou ainda recheando suas próprias tripas cozidas. Os meros também eram consumidos "salpresos", ou seja, salgados, assim como as corvinas e as "pescadas-bicudas" (cupás, em tupi), "em extremo saborosas" quando salpresas de um dia para o outro. Os meros, peixes que podem atingir 400 quilos, estão hoje ameaçados de extinção, e sua pesca foi proibida por lei.

Nas mesas brasileiras também não faltavam as cavalas (*Scomberomorus cavala*), chamadas pelos índios guarapicu, peixe saborosíssimo que

Gabriel Soares de Sousa descreve com prazer: "Quando está gordo sabem as suas ventrechas a sável, cujo rabo é gordíssimo, e têm grandes ovas, em extremo saborosas; os ossos do focinho se desfazem todos entre os dentes em manteiga; e salpreso este peixe é muito gostoso, e se faz todo em folhas como pescada, mas é muito avantajado no sabor e levidão."

DOURADO FRESCO

Depois de limpo o dourado, façam uma calda de duas partes de vinagre, uma de vinho, e outra de água, um molho grande de salsa, e pimenta bem pisada, e ponham a cozer. Quando ferver, metam-lhe o dourado, e estando cozido, tirem fora, e comam frio.

Baseado na receita de Salmão Fresco da *Arte de cozinha*, de Domingos Rodrigues

As tacupapiremas (*Cynoscion acoupa*), parecidas com as "corvinas de Portugal", eram tidas por muito gostosas; sua carne não era consumida fresca porque era considerada "mole", mas ficava deliciosa quando salgada, desfazendo-se em folhas "como a pescada". A piracuca (garoupa, *Epinephelus guaza*), mesmo tendo a carne "mole", era consumida fresca e tida por saborosa e sadia, assim como as belas abróteas (*Urophycis brasiliensis*). Eram também apreciadas as alongadas e coloridas ubaranas (*Elops saurus*), parecidas com tainhas, assim como as gordas e espinhentas sororocas (*Scomberomorus brasiliensis*).

Diz Jean de Léry que os índios não conheciam as redes de pesca, mas logo aprenderam a manejá-las muito bem. E os anzóis de ferro europeus passaram a ser um dos bens de troca mais valorizado entre os povos indígenas. Porém, os índios eram grandes pescadores e usavam flechas, com uma pontaria certeira que espantava os europeus. Como testemunha Jean de Léry: "Quanto ao modo de pescar, usam os selvagens flechas como para os sargos. Aliás assim fazem com todos os peixes visíveis dentro d'água. Cabe observar que na América tanto os homens como as mulheres sabem nadar e são capazes de ir buscar a caça ou a pesca dentro d'água como um cão."

É ainda vívido o depoimento do alemão Hans Staden: "Assim também [os índios] seguem os peixes perto da praia. Têm a vista aguçada. Quando algures vem um peixe à tona, atiram-no, e poucas setas falham. Logo que um peixe é alcançado, saltam n'água e nadam-lhe atrás. Muitos peixes grandes afundam, quando sentem em si a flecha. Mergulham ao seu encalço, até cerca de seis braças de profundidade, e trazem-nos para fora."

E ainda André Thevet: "A maneira de pescar que empregam é a seguinte: entrando inteiramente despidos na água doce ou salgada, acertam o peixe com suas flechas, no que são muito destros, puxando-os em seguida para fora d'água por meio de cordinhas de algodão ou de casca de árvores, quando não acontece que os próprios peixes, depois de mortos, subam naturalmente para a superfície."

Peixes venenosos

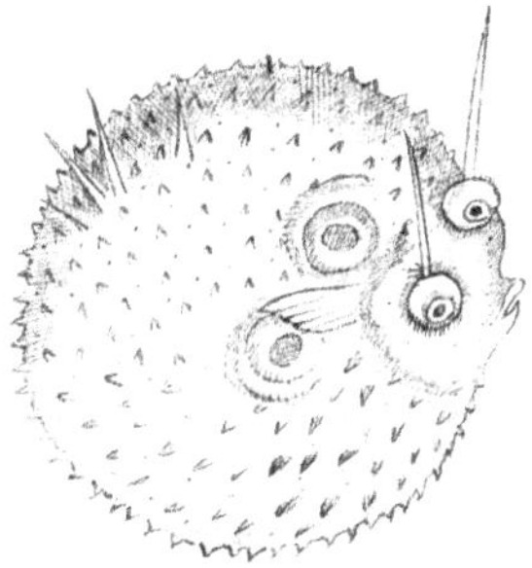

O padre Francisco Soares alerta o viajante desavisado: há peixes formosíssimos, que enganam por sua beleza, mas escondem peçonha mortal. O carapeaçaba (*Gymnura micrura*), lindamente preto, amarelo e pardo, é, entretanto, peçonhentíssimo, alertava; pode-se comê-lo, e é bom, mas depois de retirar cuidadosamente o veneno. O mesmo vale para o amajacuguara, azul e de rabo amarelo.

O mais venenoso de todos é o conhecidíssimo baiacu (designação genérica para várias espécies de peixes teleósteos), também nomeado de peixe-sapo por alguns cronistas. Todos se impressionaram com sua estranha capacidade de *inchar* "como uma bolsa cheia de vento". Esse peixe venenoso e de curioso aspecto era apreciadíssimo pelos índios, que sabiam lhe tirar a peçonha contida na pele (e mesmo assim acontecia de alguns morrerem ao comê-lo). Os colonos usavam o baiacu como eficaz veneno para matar ratos. Relata-se outra variedade de baiacu, com espinhos, que, tirada a pele, recomenda-se para combater "câmaras de sangue" (disenterias). Há registros ainda de outra variedade, chamada itaoca, altamente letal, cujo veneno se encontrava não só na pele, mas também nas vísceras.

✦ Peixes de água doce

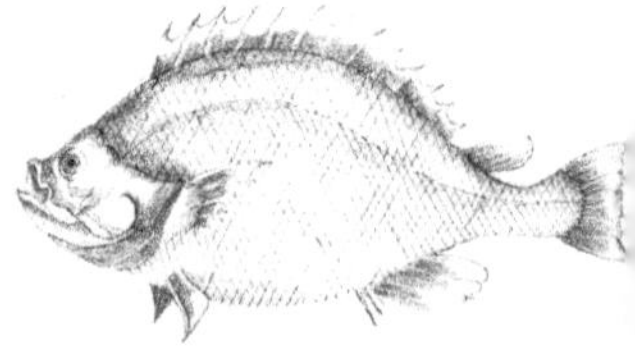

acará

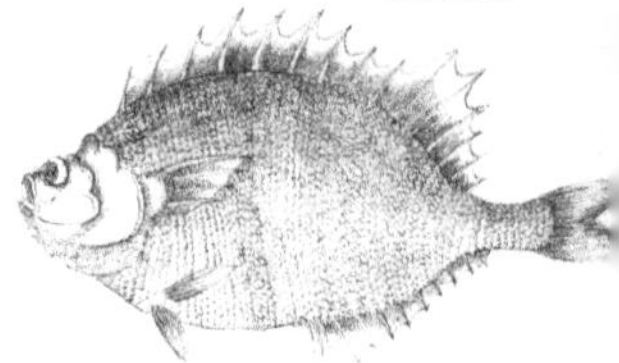

A mesma abundância que havia no mar, havia também nos rios. Frei Gaspar de Carvajal, no descobrimento do rio Amazonas, em 1542, testemunha uma espécie de milagre dos peixes na selva. Navegando ao longo do rio, em 7 de junho, véspera de Corpus Christi, em busca de mantimentos para a tripulação faminta, aportaram em uma pequena povoação, onde acharam muita comida: "De peixe se achou tanto e em tal abundância que pudemos carregar muito bem nossos bergantins." Os peixes embarcados estavam sendo secos pelos índios, que os venderiam no interior, segundo Carvajal.

O alemão Ulrico Schmidel, em expedição ao longo do rio Paraná, atravessou um território em que as tribos indígenas se alimentavam exclusivamente de carne e de peixe, e algumas, segundo ele, somente de peixe, alimento que não faltou aos viajantes europeus.

traíra, ou maturaqués

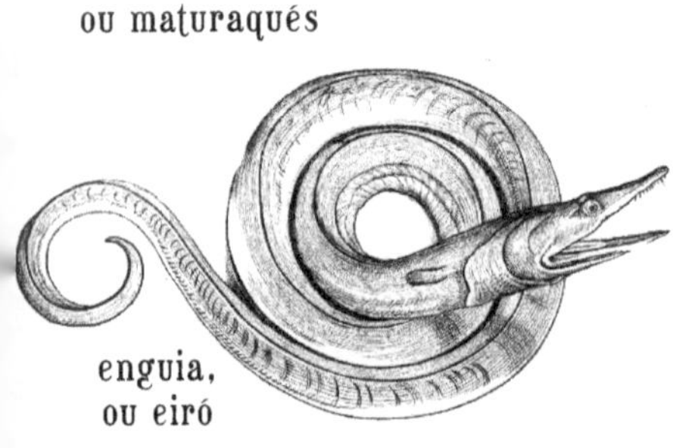

enguia, ou eiró

Em seu ufanista *Diálogo das grandezas do Brasil*, Ambrósio Fernandes Brandão não contém seu entusiasmo ao relatar a abundância de peixes nos rios brasileiros: "Em outros tempos a arrumam [uma canoa] contra a maré vazante da mesma maneira; e estando assim inclinadas por espaço de duas horas, sem mais outro benefício, se enchem de peixe excelentíssimo."

piranha

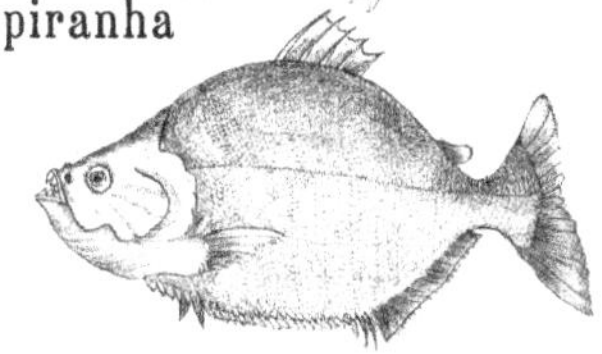

Gabriel Soares de Sousa, na sua descrição dos peixes de água doce, começa pelas enguias que se criam debaixo das pedras e que os índios chamam mucim (ou muçum, *Synbranchus marmoratus*), fala das grandes pescarias de tareiras (*Chaetodipterus faber*), peixes pretos, sem escamas, e com muitas espinhas, mas com ótimas ovas, e conta como se pegavam, a mão, entre as pedras, os juquiás (parecidos com os congros da Espanha), também sem escama e muito saborosos. Fala ainda dos miúdos tamuatás (*Callichthys callichthys*), que são assados inteiros – só depois retirava-se sua couraça grossa –, tidos como muito gostosos e sadios, e também das piranhas (diversas espécies da família dos Caracídeos), famosas por arrancarem "os genitais" dos índios que se "atrevem a meter na água onde há este peixe", apreciada por sua carne gorda e gostosa. São citados e elogiados também o querico (semelhante às savelhas ibéricas), as pequenas e saborosas piabas (da família dos Anostomídeos), o maturaqués (traíras, *Hoplias malabaricus*), e os acarás (da família dos Ciclídeos, que hoje são mais usados como peixe ornamental).

O padre Francisco Soares fala do jaú (*Paulicea lutkeni*), de 15 palmos de comprimento, gordo e saboroso; do formoso surubim (*Pseudoplatystoma corruscan*), todo pintado nas "mais galantes cores"; das tabaranas (*Salminus hilarii*), que parecem tainhas; e ainda de outros peixes, de difícil identificação, como mandaig ("como bagre, tem dois ferros"), aramari, jajaboçui, ibiau e pirajuba. Destacava-se, pelo sabor, o nhundiá ou jandiá (peixe-onça, *Leiarius marmoratus*), sem espinha, muito gostoso, gordo, e com o gosto parecido com o do salmonete que se costumava comer em Portugal.

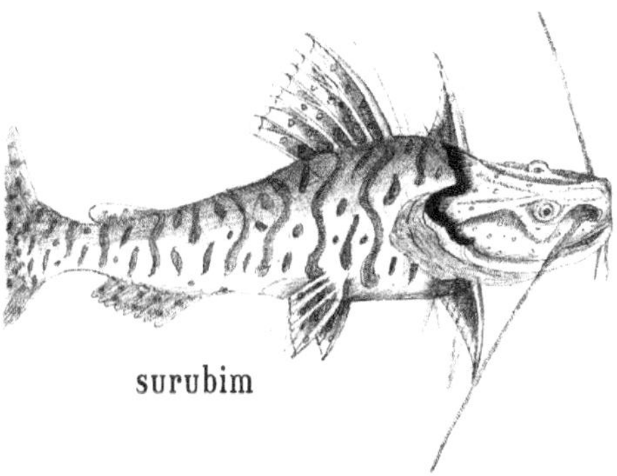

surubim

Invertebrados aquáticos

✦ Camarão

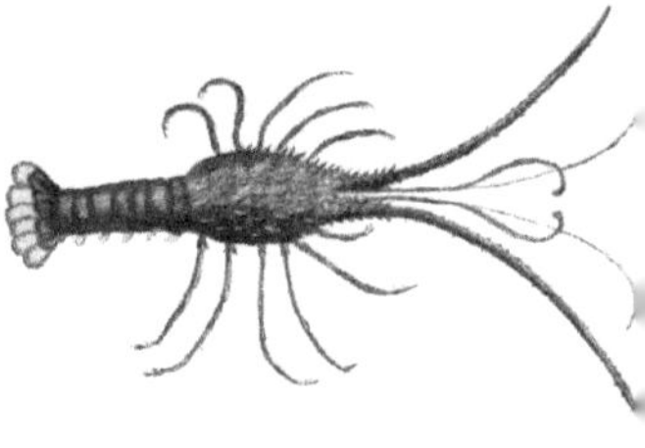

Conta Pero Vaz de Caminha, em sua carta, que os marinheiros saíram a buscar mariscos em Coroa Vermelha, onde foi rezada a primeira missa, e não os acharam. Em lugar deles, encontraram "alguns camarões grossos e curtos, entre os quais vinha um muito grande camarão, e muito grosso, que em nenhum tempo o vi tamanho". Os índios eram comedores de camarão, que chamavam de potipema. Em uma carta escrita pelos meninos do colégio dos jesuítas da Bahia, conta-se como foram recebidos por índios de uma tribo do litoral com "muita farinha, peixe cozido e muitos camarões, de que comemos com abundância".

Os camarões marinhos eram tomados "em redinhas de mão" pelos índios, nos esteios de água salgada, e também vinham nas redes de pesca, misturados aos outros peixes, conta o senhor de engenho Gabriel Soares de Sousa. São descritos de maneira curiosa: unhas curtas, barbas compridas, "esborrachados na feição", com a casca branda e "mui saborosos".

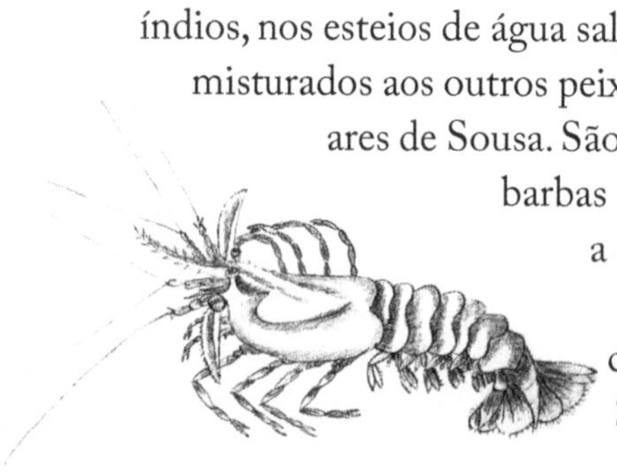

Curiosamente, há muito mais referências aos camarões de água doce. Soares de Sousa descreve quatro espécies que eram abundantes nos rios da Bahia e apreciadíssimos pela população, e todos muito saborosos e "nada carregados", que ele identifica pelos nomes indígenas. Todos eram facilmente tomados "às mãos" e se criavam entre as pedras e as raízes das árvores das ribeiras. O poti ganha o primeiro lugar, do tamanho dos grandes camarões de Lisboa, porém mais grosso; em seguida temos o aratuem, mais pretos e de casca mais dura que os de lá; e havia também os pequenos araturé (de difícil identificação) e os grandes potiaçu (*Macrobrachium garcinus*), com o "casco gordo como lagosta".

Diz o personagem Brandônio, do *Diálogo das grandezas do Brasil*, que havia tal quantidade de camarões nas alagoas que "todas as pessoas que vivem pelo sertão se sustentam deles": à noite abriam-se covas onde se colocavam cestos, e de madrugada tiravam-se os cestos, então carregados de camarões.

Polvo

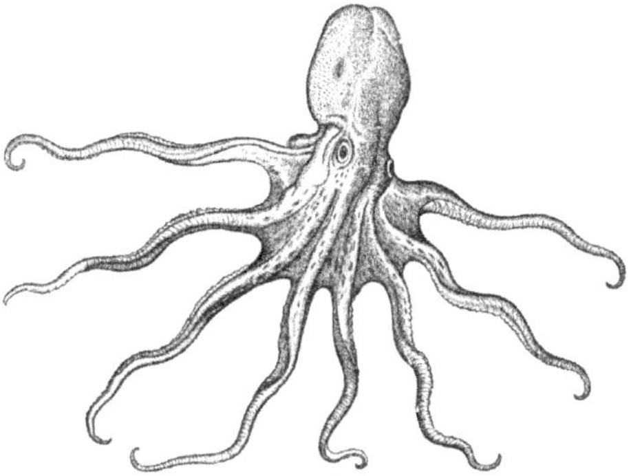

Os polvos daqui tinham o mesmo gosto dos de Portugal. Eram capturados nas marés baixas, geralmente à flecha, e o pescador indígena assobiava para sua presa antes de disparar. Eram também tomados à noite, iluminados com fachos de fogo. Para prepará-lo, já era usada a conhecida técnica do açoite, explicada pelo padre Fernão Cardim: "Para se comerem os açoitam primeiro, e quanto mais lhe derem mais então ficam mais moles e gostosos." As lulas eram poucas, segundo o depoimento de Cardim.

Lagostins e lagostas

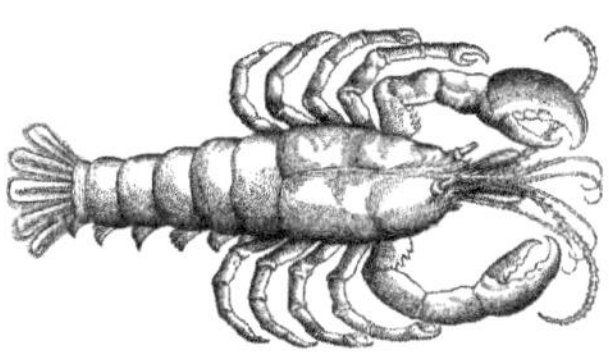

Os lagostins eram abundantes nas concavidades dos recifes mais saborosos eram os tomados na lua nova, segundo Soares de Souza. Havia grande quantidade deles pela costa, junto aos arrecifes e pedras.

Sobre as lagostas (assim como os lagostins, crustáceos da família Nephropidae), as opiniões divergem. Enquanto Fernão Cardim diz que não havia, outro jesuíta, o padre Francisco Soares, diz que elas eram abundantes.

Caranguejos

Os caranguejos do mangue (*Ucides cordatus*) eram muito estimados pela gente da Bahia, conta o senhor de engenho Gabriel Soares de Sousa, que os identificava pelo nome indígena uçá. Muito grandes e com muito "de comer", eram abundantemente empregados na alimentação dos escravos negros e da "gente de serviço". Soares de Sousa preferia os assados aos cozidos. Eram "infinitos" e por isso "faziam espanto". Todos os dias, quatro ou cinco "mariscadores" saíam dos engenhos da Bahia para capturar caranguejos para seus patrões: recolhiam de 300 a 400 caranguejos por dia, com os quais alimentavam-se todos os empregados. Abundantes e fáceis de pegar, eram "verdadeiro sustento dos pobres, índios, naturais e escravos de Guiné".

Muito elogiados também são os guaiamuns (*Cardisoma ganhumi*), grandes caranguejos azuis, encontrados nas margens dos rios, "saborosos em maravilha". O senhor de engenho apenas alerta para o perigo da "tinta preta muito amargosa" que precisa ser retirada antes que o caranguejo seja transformado em deliciosa refeição.

Havia ainda o aratú (*Aratus pisoni*), geralmente vermelho. Segundo Fernão Cardim "esses caranguejos habitam nas tocas das árvores, que estão nos lamarões do mar".

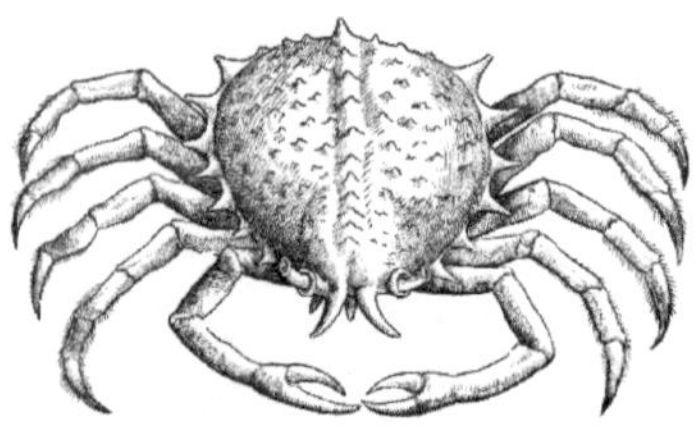

Outras espécies de caranguejos apreciadas na mesa quinhentista eram: os serizes, os compridos goaiás e os pequenos aratus de casca mole, achados nos mangues, entre outros. Fernão Cardim diz que há mais de dez espécies, todas saborosas e consideradas sadias.

Ostras

Algumas eram tão grandes que era preciso servi-las cortadas em talhadas. Gabriel Soares de Sousa louvava as "formosas" ostras da Bahia – "muito mais sadias que as de Espanha" e recomendava que fossem comidas cruas, assadas ou fritas, ou seja, eram boas de qualquer maneira. Havia tantas que se carregavam barcos com suas conchas para a produção da cal empregada na construção dos engenhos.

As chamadas leripebas eram muito saborosas, de "miolo teso" e de "muito gosto", como testemunha Gabriel Soares de Sousa. Havia também as pequenas leri-mirim, igualmente apreciadas por todos. Os índios também apreciavam e ainda as secavam no moquém, de forma a durarem e serem consumidas ao longo do ano.

Conta Gabriel Soares de Sousa que "no rio de Paraguaçu e em todos os seus recôncavos, por onde entra o salgado, há muito marisco de toda sor-

> *Falando a respeito de peixes, não posso deixar de relatar um fato maravilhoso e digno de ser lembrado. No território que fica ao lado do rio, próximo do mar, encontram-se umas árvores e uns arbustos que ficam inteiramente cobertos e carregados de ostras, de alto a baixo. Como o leitor deve saber, quando a maré sobe, uma grande onda penetra pela terra adentro, repetindo-se este fenômeno duas vezes a cada 24 horas. Esta onda cobre a maioria destes arbustos, especialmente os mais baixos. Como as ostras possuem uma certa viscosidade própria, ficam agarradas nos seus ramos em quantidades incríveis. Por isto, quando os selvagens as querem comer, cortam estes ramos cheios de ostras (lembrando galhos de pereira carregados de frutas), levando-os consigo para casa. Preferem estas ostras do mangue às graúdas de alto-mar, alegando que as miúdas são mais saborosas e sadias, ao passo que as outras geralmente produzem febres.*
>
> André Thevet

te, especialmente ostras muito grandes, onde numa maré vazia quatro negros carregam um barco delas".

Jean de Léry, da ilha de Villegagnon, na baía de Guanabara, contou como cozinhavam grandes paneladas de ostras pescadas pelos índios, que mergulhavam no mar e pegavam "grandes pedras com infinidade de ostras".

É muito interessante a passagem do livro de Fernão Cardim em que, ao falar das ostras, conta como os portugueses encontraram sambaquis dentro das florestas. Cardim explica com muita correção que o sambaqui é um depósito de conchas pré-histórico, e conta como um só sambaqui forneceu matéria-prima suficiente para construir os mais importantes edifícios de Salvador: "Os índios naturais antigamente vinham ao mar às ostras, e tomavam tantas que deixavam serras de cascas, e os miolos levavam de moquém para comerem entre ano; sobre estas serras pelo decurso do tempo se fizeram grandes arvoredos muito espessos, e altos, e os portugueses descobriram algumas, e cada dia se vão achando outras de novo, e destas cascas fazem cal, e de um só monte se fez parte do Colégio da Bahia, os paços do governador, e outros muitos edifícios, e ainda não é esgotado."

Mariscos

Seguimos aqui a descrição de Gabriel Soares de Sousa sobre os mariscos da Bahia. Os sernambis (*Lucina pectinata*), parecidos com as amêijoas grandes de Lisboa, comiam-se assados e cozidos, "mas o melhor deste marisco é frito". Os tarcobas (tarioba, *Iphigenia brasiliana*), também semelhantes às amêi-

PRATINHOS DE MEXILHÕES

Albardados [passados em ovos batidos] os mexilhões e fritos em manteiga, passem-nos por molho de vinagre, alho, pimenta, laranja e manteiga, e mandem-nos à mesa.
O mesmo se faz de ostras, amêijoas e lingueirões.

Da *Arte de cozinha*, de Domingos Rodrigues

joas, comidos crus ou "abertos no fogo", podiam ser conservados em casa, vivos, por 15 a 20 dias em água salgada, e eram considerados muito leves e de "maravilhoso sabor". Eram infinitos os mexilhões, chamados pelos índios de sururus, e tinham o mesmo aspecto, tamanho e sabor dos mexilhões de Lisboa. Havia "grande multidão" de berbigões, chamados de sarnambitinga (*Trachycardium muricatum*), comidos crus ou cozidos, que tinham um peculiar sabor: "Requeima algum tanto na língua." E ainda havia os lingueirões, em tupi guaripoapem, compridos como um dedo, e muito gostosos e carnudos, que se abriam no fogo como as amêijoas.

TORTAS DE MEXILHÕES

Pique-se muito bem uma pequena de salsa e cebola, e ponha-se a afogar; depois de afogada deite-se-lhe os mexilhões com seu vinagre. Quando ferverem, tempere-se-os com ovos, e ponha-se a esfriar; feita a torta, e cozida mande-se à mesa.

Da *Arte de cozinha*, de Domingos Rodrigues

São também citados pelos cronistas os mariscos de água doce, mas sem entusiasmo. Gabriel Soares de Sousa não é um apreciador. Fala dos mexilhões, não tão gostosos como os do mar, e das insossas amêijoas de água doce, apreciadas pelos índios.

BERBIGÕES DE TIGELADA

Lavados muito bem os berbigões da areia, ponham-nos a abrir num tacho. Quando estiverem abertos, lavem-nos outra vez em água limpa, enxuguem-nos em um pano lavado, enfarinhando-os com uns pós de farinha. Mandem-nos ao forno em uma tigela com azeite, vinagre, alhos e sumo de limão. Depois de cozidos, mandem-nos à mesa na mesma tigela.

Do mesmo modo se faz tigelada de mexilhões.

Da *Arte de cozinha*,
de Domingos Rodrigues

Répteis

sinimbu

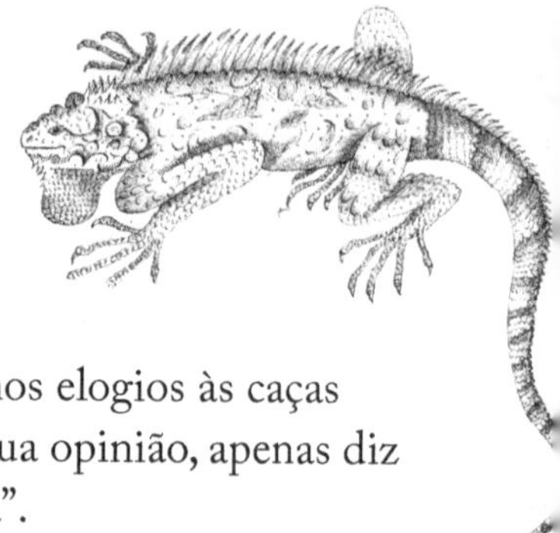

✦ Lagartos

O grande gastrônomo Gabriel Soares de Sousa não é um entusiasta. Sempre generoso nos elogios às caças que aprecia, ao falar dos lagartos não declara sua opinião, apenas diz que a carne "é havida por muito boa e saborosa".

Talvez fosse um preconceito pessoal de Soares de Sousa, pois o lagarto (*Tupinambis teguixin*) é louvado por todos os outros cronistas do Brasil quinhentista. O padre Francisco Soares gostava, e dizia que "alguns cuidam, se não o sabem, que é galinha". Ou seja, numa mesa brasileira daquela época, a galinha sempre poderia ser, na verdade, lagarto. Galinha era uma comida refinada, aristocrática – e, portanto, o lagarto era uma delicatessen.

É essa a opinião de Jean de Léry: "Os nossos americanos também apanham *tuís*, lagartos que não são verdes, como os nossos, mas cinzentos, de pele áspera como a das lagartixas. Embora tenham de quatro a cinco pés de comprimento, e sejam proporcionalmente grossos e repugnantes à vista, conservam-se em geral nas margens dos rios e nos lugares pantanosos, tais quais as rãs, e não são em absoluto perigosos. Direi ainda que, destripados, lavados e bem cozidos, apresentam uma carne branca, delicada, tenra e saborosa como o peito do capão, constituindo uma das

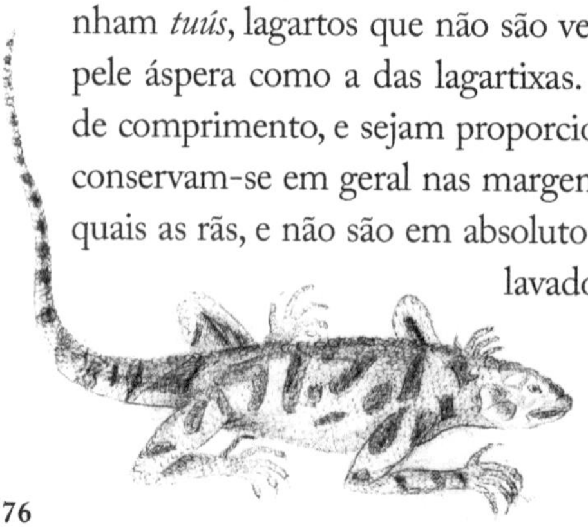

boas viandas que comi na América. A princípio, em verdade, repugnava-me esse manjar, mas depois que o provei não cessei de pedir lagarto."

Teju é o nome genérico dos lagartos entre os índios. Do maior deles, o tejuaçu, fala Gabriel Soares de Sousa: "Criam-se no mato outros lagartos a que os índios chamam tejuaçus, os quais são mansos, e criam em covas na terra, mantêm-se das frutas que buscam pelo mato e sua carne é havida por muito boa e saborosa." Se Soares de Sousa apresenta o tejuaçu como animal frugívero, Ambrósio Fernandes Brandão, no *Diálogo da grandeza do Brasil*, faz do teju (sem o sufixo aumentativo *açu*) um perseguidor de galinhas: "Grande perseguidor de galinha, e contudo estimado para se haver de comer". Além do teju e do tejuaçu, outro lagarto de que se tem notícia é o sinimbu (*Iguana iguana*), de que fala o sempre informado Gabriel Soares de Sousa: "No mato se criam outros lagartos, a que os índios chamam sinimbus, que também são grandes, mas não tamanhos como os jacarés; criam-se nos troncos das árvores; cuja carne é muito boa e saborosa." Soares de Sousa podia não gostar dos lagartos, mas apreciava as verdes iguanas brasileiras.

Jabuti

Sim, comia-se jabuti, que, além de gostoso, era dieta recomendada aos doentes.

Em 1587, Gabriel Soares de Sousa escreve que em qualquer parte dos matos da Bahia se achavam muitos, que se criavam nos pés das árvores. Havia uns maiores que os encontrados em Portugal, mais altos e com mais carne, estimada por ser "gorda, saborosa e sadia para os doentes".

JABUTI

Limpem o jabuti em água quente, tirando-lhe as vísceras e dando-lhe golpes na carne. Coloquem-no enrolado, numa tigela, e temperem-no com azeite, coentro, salsa, cebola ralada e sal. Deixem-no em repouso por algum tempo, levando-o em seguida ao fogo. Depois de bem refogado, deitem-lhe um pouco d'água com vinagre, cravo, pimenta, açafrão e gengibre. Cozinhem em fogo lento.

Adaptado da receita de Lampréia do *Livro de cozinha da infanta d. Maria*

Outros se chamavam jabutiapeba, com menos carne, mas "mui saborosa". E por fim, havia uns menores, os jabutimirim, que se criavam na água, igualmente "saborosos e medicinais".

Fernão Cardim também observa que eram abundantes e conta que os índios criavam jabutis (*Geochelone carbonaria)*, e os engordavam, para aproveitar seus ovos, que consideravam "maravilhoso mantimento".

Não sabemos como eram cozidos os jabutis no século XVI, mas em um livro de culinária do século XVII, compilado por Domingos Rodrigues, encontramos duas sugestões: podia-se guisá-los como um "frangão" ou cozinhá-los como se fossem peixe, recomendando-se para tanto usar a receita de Lampréia de Conserva.

JABUTI DE CONSERVA

Depois que estiver o jabuti de conserva de vinho, vinagre e alhos (mais vinho que vinagre), ponha-se a assar, e depois de assado a esfriar: sirva-se logo a metade da calda em que esteve com outro tanto de azeite, todos os adubos pretos, e umas folhas de louro secas. Quando estiver servido, tempere-se do que lhe for necessário e ponha-se a esfriar. Nesta conserva se mete o jabuti frio, e é para se ir comendo logo.

Baseado na receita de Lampréia de Conserva da *Arte de cozinha*, de Domingos Rodrigues

✦ Tartaruga

Em 1541, durante o descobrimento do rio Amazonas por Francisco de Orellana, um certo Cristóbal Maldonado foi incumbido de reunir toda a comida disponível em um determinado trecho da expedição, quando

estavam entre os índios. Entre os alimentos recolhidos, foram computadas mais de mil tartarugas.

No meio do Atlântico, quatro graus abaixo da linha equinocial, a tripulação da nau em que estava o francês Jean de Léry, chegando ao Brasil, apanhou uma tartaruga tão grande que "forneceu copioso jantar para oitenta pessoas".

As tartarugas vistas e comidas pelos que escreveram sobre o Brasil no século XVI eram quase todas assim, enormes ou fartas, um substancial e abundante aporte alimentar para homens famintos. Anthony Knivet também sobreviveu à base de carne de tartaruga em uma viagem pelo litoral da capitania do Rio de Janeiro. O sabor da carne, pelo que dizem essas testemunhas, é como a de vitela, "sobretudo lardeada e assada."

TARTARUGA ASSADA E LARDEADA

Ponha-se a assar uma tartaruga no espeto, e quando estiver quase assada, lardeie-se com lardos de toucinho delgados do comprimento de meio dedo. Acabe-se de assar e leve-se à mesa sobre a sopa que quiserem.

Adaptado da receita de Cabrito Assado e Lardeado da *Arte de cozinha*, de Domingos Rodrigues

Os índios, no entanto, não a comiam. Como explica André Thevet: "Os selvagens das Índias Americanas não a comem de modo algum, imbuídos da absurda idéia de que ela, sendo um alimento pesado, iria torná-los igualmente pesados, o que lhes causaria problemas quando partissem para a guerra, já que, faltos de ânimo, não poderiam perseguir agilmente o inimigo, ou então escapar de suas mãos."

Os deliciosos ovos da tartaruga – hoje uma iguaria ecologicamente incorretíssima – eram muito apreciados pelos colonos. Conta o senhor de engenho Gabriel Soares de Sousa como, na Bahia, as tartarugas "põem nos areais infinidade de ovos", dos quais se comiam somente as gemas, pois as claras, por mais que se cozinhem, não endurecem.

Aos ovos de tartaruga já foi atribuída uma série de propriedades. André Thevet conta que um fidalgo português, no Brasil, ficou curado da lepra ao adotar durante dois anos uma dieta de ovos de tartaruga. Para espanto do cosmógrafo francês, tratava-se de uma propriedade medicinal não descrita por Plínio, então a maior autoridade em matéria médica: "Plínio, quando enumera as virtudes alimentícias e medicinais da tartaruga, não faz qualquer menção ao fato de que ela possa ser utilizada contra a lepra. Diz, todavia, que sua carne é um eficaz antídoto contra diversos venenos, especialmente o da salamandra, devido à antipatia existente entre os dois animais, inimigos mortais um do outro. É por isto que julgo aconselhável que se façam experiências com este tipo de tartaruga, ou com as terrestres, quando não for possível dispor das marinhas. Penso que seria bem melhor e mais seguro conseguir essas tartarugas do que as víboras geralmente receitadas para esta moléstia, e que entram na composição da famosa teriaga, visto não ser prudente manipular tais animais, devido à peçonha que possuem."

Cobras

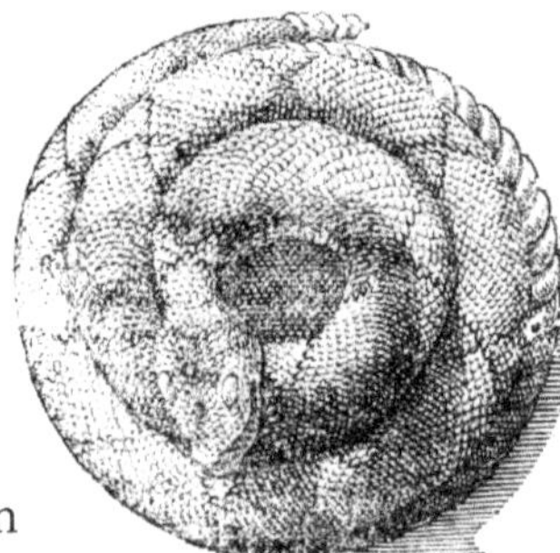

As míticas cobras brasileiras são protagonistas de espantosos casos contados por quase todos os que escreveram sobre o Brasil quinhentista. Gigantescas, ferozes, bestiais, encaravam seus algozes em uma luta aterrorizante até serem abatidas a pauladas e golpes de espada, e depois esquartejadas, divididas entre os homens e, então, devoradas. Toda expedição pelo interior tem o seu episódio do encontro entre um homem e uma enorme cobra.

Uma das mais admiráveis e mais cercadas por lendas era a jibóia. Eram cobras que comiam uma capivara, um índio, uma anta inteira, "sem mastigar", como observa Gabriel Soares de Sousa. Um dia, conta o senhor de engenho, "junto do curral de Garcia D'Ávila, na Bahia, andavam duas cobras que lhe matavam e comiam as vacas, o qual afirmou que diante dele lhe saíra um dia uma que arremeteu a um touro e que lho levou para dentro de uma lagoa". Os índios comiam a jibóia, "cuja carne têm em muita estima e os mamelucos por a acharem muito saborosa", e ainda outras muitas espécies.

Cobra era uma comida de índio, mas os portugueses também apreciavam certas espécies, como as sucuris, muito grandes, de escamas pardas e brancas, e também as chamadas taraibóias, "muito gordas e boas para comer".

Aparentemente, ninguém comia as míticas boiúnas, tão grandes que "engolem um negro sem o matarem", e das quais se contava que "houve índios que estas cobras engoliram que, estando dentro da sua barriga, tiveram de as matar com uma faca que levavam dependurada ao pescoço".

O francês Jean de Léry contou como as índias acariciavam "serpentes" como se fossem animais domésticos, e as preparavam, em pedaços, cozidas; mas, ao provar do petisco, ele não gostou: "A carne é insípida e adocicada." O padre José de Anchieta registra outra receita indígena: "Cortada a cabeça, torram ao fogo e comem."

Jacaré

O capitão alemão Ulrico Schmidel, que na década de 1530 fez uma longa e acidentada viagem pelo território do rio da Prata, era um homem muito mais ligado às armas do que as ciências naturais. Ao descrever o "achkaré", classifica-o como um "grande peixe" que faz muito dano "aos demais peixes", e observa que são bons para comer. Com certeza, nunca tinha visto, nem em gravuras, um crocodilo africano, animal já conhecido pelos europeus cultos. O mesmo não acontecia ao cosmógrafo francês André Thevet, que afirmou que os jacarés brasileiros "são maiores que os crocodilos do Nilo", notando que os índios eram grandes apreciadores de sua carne.

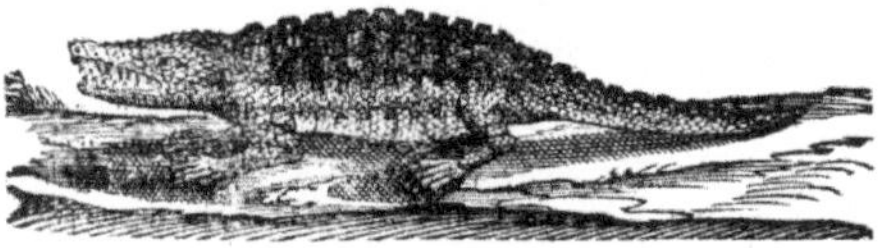

Anchieta, ao escrever sobre o espantoso bicho – que para uns tinha cabeça de lebre e para outros focinho de cão –, chama-o de "lagarto fluvial": "De grande corpulência, armado de agudíssimos dentes, pode engolir um homem, mas suas carnes são boas para comer." Quase todos os que escreveram sobre os jacarés observam que eram mansos e fáceis de apanhar. O senhor de engenho Gabriel Soares de Sousa conta como os escravos negros já tinham perdido o medo, sabiam atraí-los, e os pegavam com as mãos, para matá-los e comê-los. Segundo ele, a carne é "um tanto adocicada e tão gorda que tem na barriga banha como um porco, a qual é alva e saborosa e cheira bem". Vários concordavam que o gosto, como o do lagarto, lembra o de galinha.

Anfíbios

Rãs e sapos

Alguns viajantes, colonos e jesuítas se espantaram com o fato de os índios comerem cobras, lagartos e sapos. Como observa o padre José de Anchieta, em 1560, sobre os índios: "Nem poupam os sapos, lagartos, ratos e outros deste jaez." Pouco mais de quarenta anos depois, pelo depoimento de Ambrósio Fernandes Brandão, em seu *Diálogo das grandezas do Brasil*, a rã já estava mais do que introduzida nos hábitos coloniais: "Jia é animal de feição de rã, e tamanho como um cágado, muito bom para se haver de comer, e quem quer que o tiver não carecerá de boa ceia." A carne delicada e saborosa da rã tinha passado de alimento repulsivo de famintos e de índios para se tornar feliz ingrediente de uma boa ceia.

Gabriel Soares de Sousa tem um capítulo inteiro sobre o tema: "Que trata da diversidade das rãs e sapos que há no Brasil". Entre os vários tipos de rãs descritas, suas preferidas eram a juiponga (ou sapo martelo, *Hyla faber*), de cor parda, "as quais se comem e são muito alvas e gostosas", a jugiá, brancacenta, "alva e gostosa, e se comem esfoladas com as mais", e umas pequenas e verdes chamadas juiguaraigarai. Mas não demonstrava muito entusiasmo pela juií, rãs grandes e pretas, que "depois de esfoladas têm o tamanho de um honesto coelho".

Os índios, "mestiços" e línguas (intérpretes) adoravam a seguinte receita, feita com girinos: "Apertam-nos entre os dedos e lançam-lhes as tripas fora e embrulham-nos em folhas e assam-nos no borralho, o qual manjar gabam muito."

Os índios também comiam o sapo-cururu, depois de tirarem suas vísceras venenosas. E eram essas mesmas vísceras usadas como veneno: "O gentio usa quando quer matar alguém", conta Soares de Sousa.

Insetos

✦ Formigas

Uma delicatessen indígena muito apreciada por europeus e colonos. Os índios faziam festa, cantavam e davam "saltos de prazer" quando era época de içás, um tipo de formiga. Era uma temporada aguardada até pelos jesuítas: "Agora esperamos um certo gênero de formigas que, quando enxameiam, são os filhotes um pouco maiores e temo-las aqui por manjar delicado", conta o padre José de Anchieta, escrevendo da futura cidade de São Paulo, então Piratininga, no mês de agosto de 1554. As revoadas de içás, tão aguardadas por índios e colonos, ocorrem geralmente entre setembro e dezembro, quando as formigas aladas saem em seu vôo nupcial, de breve duração, sendo fácil e abundantemente capturadas.

Alguns anos depois, Anchieta já estaria totalmente rendido aos encantos das arruivadas içás (ou tanajuras), "que esmagadas cheiram a limão": "Quão saborosa e quão sã seja esta comida sabemo-lo os que o experimentamos." Referia-se às formigas torradas, assadas em grandes vasilhas de barro, que se conservavam por muitos dias.

O senhor de engenho Gabriel Soares de Sousa, na Bahia, aparentemente não provou. Mas diz que tanto índios como homens brancos e "mestiços" as tinham "por bom jantar", gabavam-nas "saborosas" e diziam que sabiam "a passas de alicante".

Na falta de passas, colonos e portugueses se deliciavam com içás torradas, que se tornaram um prato típico paulista no século XIX, vendido nas ruas em tabuleiros. Uma delícia brasileira hoje caída em desuso.

As içás são fêmeas aladas de diversas variedades de formigas saúvas (da espécie Atta), cujos abdomes, gordos, também são consumidos em forma de farofa.

Bicho-de-taquara

Foi também o padre jesuíta José de Anchieta que, sem preconceitos gastronômicos, provou e aprovou o bicho-de-taquara (*Myelobia smerintha*). Conta-nos o padre, escrevendo de Piratininga em 1560: "Nascem entre as taquaras certos bichos roliços e compridos, todos brancos, da grossura de um dedo, aos quais os índios chamam *rahú*, e costumam comer assados e torrados. Há-os em tão grande porção que fazem com eles um guisado que em nada difere da carne de porco estufada."

Na primitiva cidade de São Paulo, portanto, antes das primeiras criações de porcos, comiam-se, em lugar destes, bichos-de-taquara em deliciosos ensopados.

O espanhol Cabeça de Vaca, em longa expedição pelo sul do Brasil, em 1542, provou da iguaria em condições adversas. Na falta de outra coisa para comer, seus homens se alimentaram de uns "vermes brancos e grandes, da grossura de um dedo, que tiravam do meio das canas e fritavam para comer" – refeição que, apesar da ocasião ingrata, consideraram muito boa.

Mesmo no século XIX, os viajantes, apesar do nojo inicial, acabavam se fartando com os bichos-de-taquara, como Auguste de Saint-Hilaire, que os provou em Minas Gerais e afirmou que tinham um sabor muito suave e lembravam "o creme mais delicado".

O bicho-de-taquara, encontrado em bambuzais, é a larva da mariposa *Myelobia smerintha*. Antes de comê-la, os índios retiravam a cabeça e os intestinos. Mas Saint-Hilaire registra que os nativos também ingeriam os bichos-de-taquara secos, com intestinos, empregando-os então como alucinógenos.

Outras Comidas e Bebidas

✦ Sal

O viajante francês André Thevet observa que os índios tinham horror à carne salgada. Outros cronistas dizem que eles não usavam temperos em suas comidas, e que assavam peixes e carnes sem adicionar nenhum condimento. No entanto, é sabido que os nativos empregavam pimentas e preparações feitas a partir delas. E alguns povos indígenas também faziam uso do sal.

André Thevet conta que, "para sua obtenção [do sal], fervem a água do mar até que seu volume se reduza à metade, empregando depois um determinado processo para separá-lo". Ele conta, ainda, que o sal era misturado a uma certa pimenta moída para a preparação de uma espécie de pão, que acompanhava as carnes.

Outro viajante francês, Jean de Léry, fez registros semelhantes: os índios sabiam fabricar sal "retendo a água do mar em valos", e o pilavam com pimenta, fabricando uma mistura denominada ionquet. Mas Léry observa que a forma de empregar o tempero difere em muito do emprego de condimentos na culinária européia. Em lugar de salgarem diretamente as carnes, os índios mastigavam-na sem temperos e em seguida jogavam na boca uma pitada da mistura.

Hans Staden, o aventureiro alemão, descreve ainda um outro método indígena de obtenção do sal: abatia-se uma palmeira grossa, picava-se em pequenas lascas, que eram torradas sobre o fogo até virarem cinza, em seguida fazia-se um caldo, que era cozido, e então separava-se uma substância com aparência de sal. "Tinha gosto de sal e era de cor cinzenta", testemunha Staden.

Entre os colonos, tudo indica que havia abundância de sal. O padre Francisco Soares descreve uma cena de pescaria de tainhas, que presenciou no Rio de Janeiro, em que "duas mil pessoas em canoas" matavam os peixes e os salgavam imediatamente com "sal pisado".

Ovos

Proporcionalmente à abundância de aves, havia, no Brasil do século XVI, como diz Ambrósio Fernandes Brandão, "grande multidão de ovos". Além dos ovos das galinhas e patos trazidos da Europa, contava-se com os postos pelas aves locais, muitas criadas em casa. O macucaguá, para dar um exemplo, punha por volta de 15 ovos.

Mesmo nos primórdios da colonização, longe de vilas e povoados, os viajantes podiam se deliciar, como fez Pero Lopes de Sousa em 1531, com "mui saborosos" ovos de "pequeninas emas".

Eram apreciados não só os ovos de aves, mas também os de cágado e de tartaruga. Os primeiros eram delicatessen indígena, como conta o padre Fernão Cardim: "Nos rios se acham muitos cágados, e são tantos em número que os tapuias os engordam em certos tempos somente para os ovos, e andam a eles como a maravilhoso mantimento." Colonos e viajantes preferiam os de tartaruga, e houve um português que se curou da lepra ao comê-los, todos os dias, durante dois anos.

Os índios, entretanto, que criavam galinhas mas não as comiam, tinham horror aos seus ovos, tão adorados por portugueses, colonos e viajantes. "As mulheres demonstram mesmo um profundo desagrado quando vêem um cristão comendo quatro ou cinco ovos de galinha numa única refeição. É que elas acham que cada ovo equivale a uma galinha; por conseguinte, um só já seria suficiente para alimentar duas pessoas!" relata o cosmógrafo André Thevet.

Na doçaria brasileira quinhentista, os ovos de galinha eram ingrediente básico dos deliciosos bolos de carimã, dos beilhós, filhós, dos bolos de milho, e ainda de pratos de carne. Faziam-se também, nas ricas fazendas do Recôncavo baiano, os luxuosos "ovos reais" (fios d'ovos), dos quais provou o padre Fernão Cardim em visita aos senhores da região: "Nos fazem almoçar [merendar] ovos reais e outros mimos que nesta terra fazem muito bons."

OVOS MEXIDOS

Façam uma calda rala, com um pouco de água-de-flor, levando-se o tacho ao fogo, para que ferva lentamente. Em seguida coloquem nessa calda fatias de pão dormido, e assim que estiverem cozidas, retirem-nas e deitem-nas numa travessa. Batam uma dúzia de ovos e derramem-na na calda. Assim que levantar fervura, comecem a mexer tudo lentamente, sempre para o mesmo lado, a fim de que os ovos não se desfaçam. Depois de cozidos retirem os ovos com uma escumadeira, colocando-os sobre as fatias de pão. Sirvam polvilhados com açúcar e canela.

Do *Livro de cozinha da infanta d. Maria*

Mel

Diz Ambrósio Fernandes Brandão, no seu *Diálogo das grandezas do Brasil*, que no mítico tempo da Idade de Ouro, como imaginavam os antigos poetas, manavam rios de mel e manteiga. No seu esforço de pintar a nossa terra com as mais eufóricas cores, Brandão nos mostra a melífera Idade de Ouro brasileira: "Porque

pelas muitas árvores, de que abundam os campos, nas tocas delas criam o seu favo de mel inumeráveis abelhas, e também na terra por buracos dela em tanta quantidade que para se haver de colher não é necessário mais que um machado, com o qual a poucos golpes se fura a árvore, e um vaso para recolher o mel, que de si lança, que é em tanta quantidade que somente dele, sem mais outro mantimento, se sustentam muitas gentes."

Integrante cotidiano da dieta indígena, o mel era um dos presentes que os nativos ofereciam aos europeus, juntamente com peixes, carnes e aves. Os homens de Pero Lopes de Sousa encontraram tal quantidade de mel, e com tanta facilidade, que se enfadaram: "Na terra há muito mel e muito bom e achávamos tanto que o não queríamos." Jesuítas embrenhados pelos sertões inexplorados, em episódios de fome, valeram-se do mel que achavam. E, na falta dos remédios habituais, curavam as feridas com mel puro, como nos conta Anchieta.

Segundo André Thevet, os índios também empregavam mel para fins medicinais: "Tomam-no quando estão doentes, misturando à farinha feita de raízes." Mel com farinha é uma iguaria saudável que permanece até os dias de hoje. Alguns povos também comiam raízes cozidas misturadas ao mel.

Thevet, cujos conhecimentos médicos eram pautados na literatura médica clássica de sua época, acreditava que os índios recorriam ao mel "para curar suas vistas, fracas por natureza", e que as picadas das abelhas faziam sair o "excesso de sangue do corpo" e do cérebro, o que causava, segundo ele, "um grande alívio".

Havia os que o comiam puro, e havia aqueles que bebiam "vinho de mel de abelhas", misturado com água, considerado muito "proveitoso para a saúde de quem o costuma beber".

Mingau

Índios comendo

Não se trata daquele creme quentinho reconfortante que embalou a infância de tantas gerações de brasileiros. Mingau, em tupi, significa "comida que gruda". Essa preparação indígena, muito apreciada por colonos, portugueses e viajantes, era composta, geralmente, por farinha de mandioca e algum caldo. Dava-se também o nome de mingau ao caldo da carne ou peixe cozido com pimenta. E também à papa feita com caroços de algodão pilados e depois cozidos, além de outras misturas grudentas, feitas com uma série de ingredientes – inclusive carne humana.

Jean de Léry adorava as papas indígenas de farinha e caldo gordo, "granuladas como o arroz e são de ótimo paladar". A cozinheira portuguesa certamente adaptou as receitas da terra e daí surgiu o mingau de carimã – a fina e delicada farinha de mandioca – com açúcar, antepassado do nosso mingau. Mas também aderiu às receitas indígenas, com caldo de galinha e peixe, o que hoje chamaríamos pirão. "São de maravilhoso gosto e de muito nutrimento, e também as aplicam para mantimento de enfermos com muita vitalidade dos tais, e a este semelhante manjar dão por nome mingau", explica Ambrósio Fernandes Brandão em seu *Diálogo das grandezas do Brasil.*

Farinhas

Não era só de farinha de mandioca que viviam índios e colonos. Uma das mais populares técnicas culinárias indígenas era a transformação de uma

Carne humana no moquém

série de matérias-primas em farinha. Havia farinha de gravatá, uma espécie de bromélia, considerada um alimento "de boa sustentação". Havia também farinha da raiz de um cipó, chamado macuna, cozida e seca. Fazia-se também farinha do miolo das palmeiras, isto é, de palmito.

Outra vertente das farinhas são as produzidas a partir de animais. Como nos conta Hans Staden: "Preparam também uma sorte de farinha de peixe e carne, do seguinte modo: assam a carne, ou o peixe, na fumaça sobre o fogo, deixam-na secar de todo; desfiam-na, torram-na de novo depois, ao fogo, em vasilhas queimadas para tal fim e que chamam inhêpoã; esmagam-na após em um pilão de madeira e passando isto numa peneira, reduzem-na a farinha. Esta se conserva por muito tempo. Comem a tal farinha junto com a de mandioca, e isto tem muito bom gosto."

Vários cronistas escreveram com entusiasmo sobre o sabor da farinha de peixe seco que, segundo André Thevet, era "ótima de se comer acompanhada de certa mistura que só eles sabem fazer". Até hoje, na Amazônia, a farinha de peixe, conhecida como piracuí, é elemento importante na alimentação de vários povos indígenas.

A redução a farinha era uma excelente técnica de conservação de alimentos, visto que os índios conheciam poucos modos de conservar comida, desconhecendo os usados pelos europeus.

Para secar a carne empregavam o moquém, uma espécie de grelha de paus construída sobre o fogo, onde os alimentos eram postos para assar ou defumados até que se tornassem secos. A comida moqueada era guardada, e quando iam comê-la os índios tornavam a cozê-la. Como nos conta Jean de Léry: "Em suma esses moquéns lhes servem de salgadeira, aparador e guarda-comida; e entrando em suas aldeias vemo-los sempre carregados não só de veações ou peixes, mas ainda de coxas, braços, pernas e postas de carne humana dos prisioneiros que matam e costumam comer."

Bebidas

Ao descreverem as frutas brasileiras, colonos, cronistas e viajantes sempre observam que os índios as usavam para fabricarem "seus vinhos". Os europeus chamavam de "vinho" tudo o que fosse bebida fermentada ou alcoólica. O famoso cauim de mandioca – feito a partir da raiz mastigada por índias – era "vinho", assim como bebidas feitas à base de caju, mangaba, abacaxi etc. Como observa o padre José de Anchieta: "[Os índios] são muito dados ao vinho." Faziam-se "vinhos" com praticamente todas as frutas que se comiam. Os índios produziam, portanto, uma vasta gama de bebidas, de vários tipos e gostos.

Índias preparando cauim

Brandônio, personagem do *Diálogo das grandezas do Brasil*, diz que "pelos matos" se achavam grandes quantidades de vinhos, como os de cana-de-açúcar, "que para o gentio da terra e escravos de Guiné é ma-

ravilhoso", um antepassado longínquo da cachaça; e que se achava em abundância um outro "vinho", feito com cana e especiarias, muito apreciado pelos homens brancos, "parecido com aloxa" (bebida fermentada de mel e suco de frutas). Fazia-se também um vinho medicinal com mel de abelhas, que era bebido misturado com água. As bebidas alcoólicas eram, então, consideradas medicinais, e faziam bem à saúde, segundo a concepção da medicina renascentista – o que não impedia que os jesuítas considerassem excessivo o consumo de "vinhos" pelos índios. Não há traços de produção de cachaça nos testemunhos escritos no século XVI; será apenas na terceira década do século XVII que sua produção em alambiques virá a ser registrada em documentos.

O milho era igualmente empregado na confecção de uma bebida fermentada, também obtida através da mastigação das mulheres. Conta o francês Jean de Léry que o cauim de milho é bebida "turva e espessa como borra e tem como que o gosto do leite azedo". O francês, de acordo com sua experiência européia, identifica dois tipos de cauim de milho: tinto e branco. No entanto, Gabriel Soares de Sousa, o grande gourmet e senhor de engenho português radicado na Bahia, conta que os portugueses e "mestiços" que tinham relações com os índios "não desprezam dele [do vinho de milho] e bebem-no mui valentemente". Muitos são os depoimentos de europeus que aprovaram e apreciaram os vários tipos de vinhos indígenas. Gabriel Soares de Sousa também registra que o vinho de caju era "de bom cheiro e saboroso", e que ao vinho de abacaxi eram "muito afeiçoados muitos mestiços e portugueses". O padre Fernão Cardim considerava o cauim de mandioca "tão fresco e medicinal para o fígado que a ele se atribui não haver entre eles [índios] doentes do fígado".

Geralmente avessos aos animais e plantas trazidos pelos portugueses, os índios passaram a usar também a cana-de-açúcar na produção de seus vinhos. Segundo Ambrósio Fernandes Brandão, que descreveu o Brasil dos primeiros anos do século XVII, os índios iam aos engenhos buscar cana-de-açúcar para preparar a nova bebida, talvez uma das poucas influências alimentares portuguesas que assimilaram. E há um registro de que os índios também apreciavam o vinho europeu. Fernão Cardim conta que, em troca de mantimentos indígenas, os jesuítas lhes ofereciam facas, tesouras, pentes e fitas, "mas com o que mais folgavam era com uma vez de cagui-été, isto é, vinho de Portugal".

Os índios não bebiam como os europeus, diariamente. Reuniam-se em festas que duravam vários dias – principalmente durante os rituais de canibalismo –, quando bebiam, ininterruptamente, todo o estoque de bebidas produzido. Jean de Léry diz ter visto mais de "trinta potes grandes cheios, dispostos em fila à espera do momento de cauinar". Como explica o padre José de Anchieta, "com o vinho das frutas que é muito forte se embebedam muito e perdem o siso". Ou como descreve Ambrósio Fernandes Brandão: "Juntos em roda, muitos homens e mulheres estão nesse canto todo um dia e noite inteira, sem dormirem, bebendo sempre de ordinário muito vinho até caírem todos por terra sem acordo, e às vezes saem também dali alguns não pouco escalavrados".

O corsário inglês Richard Hawkins registra em seu livro três diferentes formas de preparar bebidas feitas de mandioca, e declara que são todas muito saborosas e com a mesma cor e sabor do *ale*, a forte e espessa cerveja inglesa. Além do cauim fabricado a partir da mastigação, ele viu mais duas preparações. Na primeira, a mandioca era assada até ficar quase queimada, depois pilada até virar pó, e esse pó era misturado à água; em seguida fervia-se e deixava-se a mistura descansar por três ou quatro dias. A outra variedade era também à base do pó da mandioca torrada, misturado à água, mas sem ferver ou descansar. Alguns colonos e viajantes demonstraram repugnância pelo cauim, mas alguns gostaram muito, como é o caso de Hawkins e do alemão Hans Staden.

Para os europeus, acostumados a beber vinho diariamente, era preciso se contentar com as bebidas locais. Ou inventar novos preparados. José de

Anchieta, na falta de vinho, bebeu com seus companheiros jesuítas água cozida com milho, à qual misturavam mel, o que muito os confortou.

Havia, em certas época e lugares, uma escassez desse item fundamental na alimentação portuguesa: o vinho de uvas. Tentou-se em todas as capitanias a plantação de parreiras e a produção de vinhos, mas os resultados foram pífios. Gabriel Soares de Sousa diz, na década de 1580, que na capitania de São Vicente havia muitas vinhas e que já se colhiam de três a quatro pipas de vinho por ano. Antes disso, em 1553, o jesuíta Luís da Grã afirmara que "vinho fez-se nesta Bahia, que eu vi". Mas as tentativas sempre falhavam. Ambrósio Fernandes Brandão, em seu *Diálogo das grandezas do Brasil*, dizia que a culpa era das formigas, que comiam as plantações de videiras. Se não fosse isso, diz ele, o Brasil produziria tanto vinho quanto a Ilha da Madeira ou Portugal.

A escassez de vinho era um problema sério para os jesuítas. Nos primeiros tempos, muitos deixavam de rezar missa pela falta do fundamental ingrediente. Outros guardavam o precioso líquido e o economizavam ao máximo, usando, de cada vez, umas poucas gotas. Em lugares longe do litoral, a situação era mais drástica. Embrenhado no sertão da capitania de São Vicente, o padre Leonardo Nunes conta ter encontrado uma povoação onde os cristãos estavam há treze anos sem receber vinho, e o pouco que tinham guardado numa botija tinha, "miraculosamente", durado todo esse tempo, sem se estragar.

Mas em vilas em franca expansão econômica, como Salvador, e nas casas dos "principais" e dos senhores de engenho havia vinho de uvas, trazido da Ilha da Madeira ou de Portugal. Como observa o padre Fernão Cardim, ao falar da dieta dos padres do colégio de Salvador, na década de 1580, "nunca falta um copinho de vinho de Portugal, sem o qual não se sustenta bem a natureza". O vinho era consumido, ao que tudo indica, em grandes proporções. E talvez mesmo pelas mulheres. Ainda no século XV, em Portugal, no convento de Vila do Conde, o consumo diário de vinho pelas religiosas era de um litro e meio! No Brasil, havia o luxo de frutas imersas em vinho, como se costumava fazer com o hoje desprezado oiti, também conhecido como guti. Em Pernambuco, havia banquetes em que se reuniam "dez ou doze senhores de engenho, e de ordinário bebem cada ano 50 mil cruzados de vinhos de Portugal; e alguns anos beberam 80 mil cruzados de vinhos de Portugal", contabiliza o padre Fernão Cardim, que participou de alguns desses luxuosos banquetes.

> *"Surpreendemos uma vez", disse ele [um índio] na sua rude linguagem, "uma caravela de perôs (isto é, portugueses, que como já referi são inimigos mortais dos nossos tupinambás) na qual, de mortos e comidos todos os homens e recolhida a mercadoria existente, encontramos grandes caramemos (tonéis e outras vasilhas de madeira) cheias de bebida que logo tratamos de provar. Não sei que qualidade de cauim era, nem se o tendes no vosso país; só sei dizer que depois de bebermos ficamos por três dias de tal forma prostrados e adormecidos que não podíamos despertar." É verossímil que fossem tonéis de bom vinho da Espanha, com os quais os selvagens, sem o saber, festejaram a Baco. Não é pois de admirar que o nosso homem se tivesse sentido tão repentinamente atordoado.*
>
> JEAN DE LÉRY

No que toca às bebidas medicinais, uma alta árvore conhecida pelos índios como ibiraé (ou buranhém, *Pradosia lactescens*) era empregada para a fabricação de uma bebida cuja virtude, conhecida pelos índios e assimilada e largamente empregada pelos "cristãos", era a de curar a sífilis. O cosmógrafo francês André Thevet dedica um capítulo inteiro de seu livro à árvore e explica como de sua casca, que segundo ele tinha gosto de alcaçuz, se obtinha a preciosa bebida: "É assim que se usa na América: arranca-se uma certa quantidade desta casca (da qual sai um leite durante algum tempo, logo depois da sua extração). Depois de cortada em pedacinhos, a casca é deixada na água fervente pelo espaço de 3 a 4 horas, até que a decocção adquira a coloração de um vinho clarete. Deve-se tomar esta beberagem durante 15 ou 20 dias, fazendo-se simultaneamente uma leve dieta. Pelo que ouvi dizer, o resultado é de fato notável." Além de usada para combater a sífilis, a bebida era também empregada como um salutar refresco: "Afora isto, trata-se de uma boa bebida que pode ser tomada mesmo pelos que estão em gozo de plena saúde."

Referências bibliográficas

Fontes

ANCHIETA, pe. José de. *Cartas: Correspondência ativa e passiva*, in *Obras completas*, vol.6. Pesquisa, introdução e notas pe. Hélio Abranches Viotti, S.J. São Paulo, Loyola, 1984.

____. *Textos históricos*. Introdução e notas pe. Hélio Abranches Viotti, S.J. São Paulo, Loyola,1989.

ARNAUT, Salvador Dias e Giacinto MANUPPELLA (orgs.). *O livro de cozinha da infanta d. Maria*. Lisboa, INCM, 1986.

BARRÉ, Nicolas. *Copie de qvelques letres sur la nauigation du cheuallier de Villegaignon es terres de l'Amerique oultre l'aequinotial, iusques soubz le tropique de Capricorne: cõtenant sommairement les fortunes encourues en ce voyage, auev les meurs et façons de viure des sauvages du pais: enuoyées par vn des gens dudict seigneur. Paris, Martin le Jeune, 1557*, in Ternaux-Compans. *Archives des voyages*. Paris, Arthus Bertrand Libraire-Éditeur, 1841.

BRANDÃO, Ambrósio Fernandes. *Diálogos das grandezas do Brasil*. Salvador, Progresso, 1956.

CABEÇA DE VACA. *Comentários & naufrágios*. Porto Alegre, L&PM, 1999.

CAMINHA, Pero Vaz de. *Carta do achamento do Brasil ao rei d. Manuel*. Organização de M. Viegas e Eduardo Nunes. Lisboa, INCM, 1974.

CARDIM, Fernão. *Tratados da terra e gente do Brasil*. Transcrição do texto, introdução e notas de Ana Maria Azevedo. Lisboa, CNCDP, 1997.

Cartas jesuíticas 2: Cartas avulsas – Azpilcueta Navarro e outros. Organização Vale Cabral. Belo Horizonte/São Paulo, Itatiaia/Edusp, 1988.

CARVAJAL, Frei Gaspar de. "Relación que escribió fr. Gaspar de Carvajal", in Nelson Papavero et alli. *O novo Éden*. Belém, Museu Paraense Emílio Goeldi, 2ª ed. revista e ampliada 2002.

COLOMBO, Cristóvão. *Diários da descoberta da América*. Porto Alegre, L&PM, 2001.

DAVIES, William. *A Description and Discovery of the River of Amazons, by Willian Davies, Barber Surgeon of London*, in Samuel Purchas, *Hakluytus Posthumus or Purchas His Pilgrimes in Five Bookes. The Fourth Part*. Londres, William Stansby, 1625.

GÂNDAVO, Pero de Magalhães de. *A primeira história do Brasil: História da província Santa Cruz a que vulgarmente chamamos Brasil.* Rio de Janeiro, Zahar, 2004.

HAWKINS, Richard. *The Observations of Sir Richard Hawkins, Knight, in His Voyage Into the South Sea. An. Dom. 1593*, in Samuel Purchas, *Hakluytus Posthumus or Purchas His Pilgrimes in Five Bookes. The Fourth Part.* Londres, William Stansby, 1625.

KNIVET, Anthony. *As incríveis aventuras e estranhos infortúnios de Anthony Knivet.* Rio de Janeiro, Zahar, 2007.

LEITE, Serafim. *Novas cartas jesuíticas: De Nóbrega a Vieira.* São Paulo, Companhia Editora Nacional, 1940.

LÉRY, Jean de. *Viagem à terra do Brasil.* Belo Horizonte/São Paulo, Itatiaia/Edusp, 1980.

Navegação do capitão Pedro Álvarez Cabral escrita por um piloto português. Texto modernizado por Maria da Graça Pericão, comentário final de Luís de Albuquerque. In *O reconhecimento do Brasil.* Lisboa, Alfa, 1989.

NÓBREGA, pe. Manuel da. *Cartas do Brasil e mais escritos do pe. Manuel da Nóbrega.* Facsimile da edição de 1955 feita em Coimbra por ordem da Universidade. Introdução e notas históricas e críticas por Serafim Leite, S.I. Belo Horizonte, Itatiaia, 2000.

____. *Cartas jesuíticas 1: Cartas do Brasil – Manuel da Nóbrega.* Organização de Valle Cabral (1886). Belo Horizonte/São Paulo, Itatiaia/Edusp, 1988.

ORTA, Garcia de. *Colóquios dos simples e drogas da Índia.* Reprodução em fac-símile da edição de 1891 organizada e anotada pelo conde de Ficalho. 2 vols. Lisboa, INCM, 1987.

PERRONE-MOISÉS, Leyla. *Vinte luas: Viagem de Paulmier de Gonneville ao Brasil (1503-1505).* São Paulo, Companhia das Letras, 1992.

PIGAFETTA, Antônio. *Primer viaje en torno del globo.* Buenos Aires/Cidade do México, Espasa-Calpe, 1943.

RODRIGUES, Domingos. *Arte de cozinha.* Lisboa, João Antônio da Costa, 1765.

SCHMIDEL, Ulrico. *Relatos de la conquista del Rio de la Plata y Paraguay: 1534-1554.* Madrid, Alianza Editorial, 1986.

SOARES, Francisco. *Cousas notáveis do Brasil.* Transcrição em português atual por Maria da Graça Pericão, comentário de Luísa Black. In *O reconhecimento do Brasil.* Lisboa, Alfa, 1989.

SOUSA, Gabriel Soares de. *Notícia do Brasil.* Transcrição em português atual por Maria da Graça Pericão, comentário de Luís de Albuquerque. Lisboa, Alfa, 1989.

____. *Tratado descritivo do Brasil em 1587.* Edição de Francisco Adolfo de Varnhagem. São Paulo, Companhia Editora Nacional, 1987.

SOUSA, Pero Lopes de. *Diário da navegação de Pero Lopes de Sousa*, in *Martim Afonso* de *Sousa.* Lisboa, Alfa, 1989.

STADEN, Hans. *Duas viagens ao Brasil.* Belo Horizonte/São Paulo, Itatiaia/Edusp, 1974.

THEVET, André. *Singularidades da França Antártica.* Belo Horizonte/São Paulo, Itatiaia/Edusp, 1978.

Um tratado de cozinha portuguesa do século XV. Edição preparada pelo prof. Antônio Gomes Filho. Rio de Janeiro, Instituto Nacional do Livro, 1963.

Bibliografia

ABREU, Capistrano. *Caminhos antigos e povoamento do Brasil*. Belo Horizonte/São Paulo, Itatiaia/Edusp, 1988.

ALGRANTI, Leila Mezan. "Alimentação, saúde e sociabilidade: a arte de conservar e confeitar os frutos (séculos XV-XVIII)", *História: questões & debates* 42, 2005, p.33-52.

BARROS, João de. *Primeira década*, vol.I. Seleção, prefácio e notas de Antônio Baião. Lisboa, Sá da Costa, 1945.

CARNEIRO, Henrique. *Comida e sociedade: Uma história da alimentação*. Rio de Janeiro, Elsevier, 2003.

CASCUDO, Luís da Camara. *História da alimentação no Brasil*, vol.1. Belo Horizonte/ São Paulo, Itatiaia, 1983.

____. *Antologia da alimentação no Brasil*. Rio de Janeiro, Livros Técnicos e Científicos, 1977.

CUNHA, A.G. *Dicionário histórico das palavras portuguesas de origem tupi*. São Paulo, Melh-oramentos/Instituto Nacional do Livro, 1978.

FERRÃO, José Eduardo Mendes. *A aventura das plantas e os descobrimentos portugueses*. Lisboa, Instituto de Investigação Científica Tropical/CNCDP, 1993.

FIGUEIREDO, Luciano, Renato Pinto VENÂNCIO, Mary del PRIORE e Fernando V. NOVAES. *Cachaça: Alquimia brasileira*. Rio de Janeiro, 19 Design Editora, 2005.

FLANDRIN, Jean-Louis e Massimo MONTANARI (orgs.). *História da alimentação*. São Paulo, Estação Liberdade, 1998.

FREYRE, Gilberto. *Casa-grande & senzala*. Rio de Janeiro, Record, 1999.

____. *Açúcar*. São Paulo, Companhia das Letras, 1997.

GÓIS, Damião de. *Crônica do felicíssimo rei d. Manuel – Parte I*. Prefácio de David Lopes. Coimbra, Universidade de Coimbra, 1949.

GUEDES, Max Justo. *O descobrimento do Brasil*. Lisboa, Vega, s.d.

HOLANDA. Sérgio Buarque de. *Caminhos e fronteiras*. São Paulo, Companhia das Letras, 1994.

HOUAISS, Antônio. *Dicionário Houaiss da língua portuguesa*. Rio de Janeiro, Objetiva, 2001.

LORENZI, Harri et alli. *Frutas brasileiras e exóticas cultivadas*. São Paulo, Instituto Plantarum de Estudos da Flora, 2006.

LORIMER, Rosemeire Bertolini. *O impacto dos primeiros séculos de história da América portuguesa na formação da brasilidade alimentar*. Tese de doutorado, São Paulo, USP, 2001.

PALLA, Maria José. *Literatura, arte e comida em Portugal*. Disponível em http://www.fcsh.unl.pt/deps/estportugueses/escritos/A_volta_mesa.pdf

PAPAVERO, Nelson e Dantes Martins TEIXEIRA. *Os animais do descobrimento: A fauna brasileira mencionada nos documentos relativos à viagem de Pedro Álvares Cabral*. Publicações Avulsas do Museu Nacional, n.111. Rio de Janeiro, Museu Nacional, jul 2006.

TAUNAY, Affonso de Escragnolle. *Visitantes do Brasil colonial: Séculos XVI-XVIII*. São Paulo, Companhia Editora Nacional, 1938.

VESPÚCIO, Américo. *Novo Mundo: As cartas que batizaram a América*. São Paulo, Planeta, 2003.

Créditos iconográficos

Na listagem abaixo, os números referem-se às páginas; as letras especificam a imagem, quando necessário.

p.45b, 198: Jacques Dalechamps, *Histoire generale des plants.* Lyon, herdeiros de Guillaume Rouille, 1615.

p.23, 31, 32b 77, 79b, 95, 99: Cristóbal Acosta, *Histoire des drogues, espiceries et de certains médicamens simples...* Lyon, Jean Pillehote, 1602.

p.54, 56: Giovanni Battista Ferrari, *Hesperides.* Roma, Scheus, 1645.

p. 26, 28b, 33, 35, 37, 40, 41a, 48a, 49, 50, 59, 69, 75, 79a, 80, 81, 83, 85, 98, 105, 109a, 110, 111a, 112, 114, 117, 118a, 119, 121a, 123, 135b, 137, 138, 139b, 141a, 142b, 150b, 152, 153b, 156, 157, 158, 161, 162b, 164a, 165b, 167, 168a,168b , 169a ,169b ,170b, 176, 178: Frei Cristóvão de Lisboa, *História dos animais e árvores do Maranhão* [c.1625]. Lisboa, CNCDP/Instituto de Investigação Científica Tropical, 2000.

p. 109d, 128, 129b, 130, 131, 139a, 143, 160, 168c, 171, 172b, 181: Conrad Gesner, *Historiae animalium.* Zurique: C. Froschovers, 1554.

p. 38, 45a, 53, 87, 124, 180, 182, 193, 194: Francisco Hernandez et alli, *Rerum medicarum novae hispaniae.* Roma, Mascardi, 1651.

p.129a: Charles L'Ecluse: *Exoticorum libri decem.* Antuérpia, Officina Plantiniana, 1605.

p.55, 58: Adam Lonicer, *Botanicum, plantarum historiae.* Frankfurt, Christianus Egenolphus, 1565.

p.25, 28a, 36, 39, 41b, 43, 46, 52, 74, 76, 106, 109c, 111b, 118b, 121b, 133, 134, 135a, 142a, 148, 151, 153a, 154b, 155, 159, 163, 162a, 164b, 165a, 165c, 170a, 172a, 183, capa (acarapitanga e cobras): Georg Marcgraf e Willem Piso, *Historia naturalis Brasiliae.* Leiden/Amsterdã, Franciscum Hackium/Lud. Elzevirium, 1648.

p.71: João Antonio Cavazzi de Montecuccolo, *Descrição histórica dos três reinos do Congo, Matamba e Angola.* Lisboa, Junta de Investigações do Ultramar, [1687] 1965. (Republicado em José Eduardo Mendes Ferrão, *A aventura das plantas e os descobrimentos portugueses.* Lisboa, Instituto de Investigação Científica Tropical/CNCDP, 1993.)

p.109b, 122, 195, 196: Hans Staden, *Warhaftig Historia. Marburg,* Andreas Kolbe, 1557.

p. 24, 29, 32a, 48b, 60, 72, 141b, 150a, 154a, 197: André Thevet, *Singularitez de la France antarctique autrement nommée Amérique et de plusieurs terres et isles découvertes de nostre temps.* Paris: herdeiros de Maurice de La Porte, 1558.

p.78, 91, 198, capa (abacaxi): S.D. Regnault, *La botanique mise à la portée de tout le monde.* Paris, 1774. (Republicado em José Eduardo Mendes Ferrão, *A aventura das plantas e os descobrimentos portugueses.* Lisboa, Instituto de Investigação Científica Tropical/CNCDP, 1993.)

p.140, capa (jacu, quati e veado): Georg Marcgraf, *Brasil holandês: Informações do Ceará de Georg Marcgraf (Junho-Agosto de 1639).* Por Ernst van den Boogaart e Rebecca Parker Brienen. Editora Index.

Todos os esforços foram feitos para identificar as fontes das imagens aqui reproduzidas. Estamos prontos a corrigir eventuais falhas ou omissões em futuras edições.

Agradecimentos

Carolina Vicente, Christina Osward, Denise Moraes Moreira, Esther Bertoletti, Fabiano Cataldo, Gilda Santos, Henrique Cairus, Jorge de Souza Hue, Lara Leal, Luciana Villas Boas, Luciano Figueiredo, Mauro Villar, Tiago Moraes, Vasco Rosa. E especialmente a Tania Besspne, pela preciosa contribuição.

João Paes de Lima e Carolina Moreira da Silva Moura *in memoriam.*

Sobre os autores

SHEILA MOURA HUE, doutora em literatura portuguesa pela PUC-Rio, coordena o Núcleo "Manuscritos e Autógrafos" do Real Gabinete Português de Leitura. É co-autora da edição comentada de *A primeira história do Brasil*, de Pero de Magalhães de Gândavo, e organizadora de *Primeiras cartas do Brasil* e *As incríveis aventuras e estranhos infortúnios de Anthony Knivet*, todos lançados com sucesso pela Zahar.

ÂNGELO AUGUSTO DOS SANTOS é biológo pela Universidade Federal de Minas Gerais e doutor em ecologia vegetal pela Université des Sciences et Techinique du Languedoc, Montpellier, França. Atualmente trabalha no Fundo Brasileiro para a Biodiversidade. São de sua autoria os seguintes verbetes neste livro: inhame e cará, jetica/batata-doce, mandioca, pimentas e taioba.

RONALDO MENEGAZ, doutor em letras vernáculas e literatura portuguesa pela UFRJ, é pesquisador da PUC-Rio e lexicógrafo da Academia Brasileira de Letras. É autor, com Sheila Moura Hue, da edição comentada de *A primeira história do Brasil*. São de sua autoria os seguintes verbetes neste livro: abacaxi, anta, bijupirá, caju, camupirim, capivara, peixe-boi e tambuatá.